DIE KÄMPFE AM BERGISEL 1809

Ursachen und Vorbereitungen des Tiroler Aufstandes

Lebendige Erinnerungen

Am 26. Dezember 1805 hatten sich zu Preßburg die Vorahnungen der Tiroler erfüllt. Der 8. und der 15. Artikel des Preßburger Friedens erklärten Tirol zur bayerischen Provinz.
Über der Vereinigung gerade dieser beiden Länder stand von allem Anfang an kein guter Stern. Es wäre müßig zu behaupten, daß die tirolischen Aversionen sich nur gegen den bayerischen Staat als Verbündeten Napoleons gerichtet hätten. Zu lebendig war noch die Erinnerung an den schrecklichen Einfall von 1703; dafür sorgten schon die zahlreichen Befreiungsdenkmäler im ganzen Land. Aber auch Ereignisse früherer Jahrhunderte belasteten die Geschichte dieser Nachbarschaft.
Bei einem größeren Teil der Bevölkerung erregte zudem der Verlust des geliebten Landesvaters schmerzliches Empfinden. Immerhin war man seit 1363 mit dem Hause Österreich verbunden gewesen. Insgesamt an die zweihundert Jahre hatte seither eine eigene tirolische Linie der Habsburger in Innsbruck residiert, und Kaiser Maximilian I. hatte gar die Stadt zum zentralen Punkt seines Großreiches auserkoren. Um Herrscher wie ihn oder Friedrich mit der leeren Tasche und Sigmund den Münzreichen, um Frauengestalten wie Philippine Welser und Claudia von Medici hatte das Volk einen Kranz von Geschichten und Legenden gewoben und sie in seiner Erinnerung glorifiziert. War dieses innige Band zum Herrscherhaus durch die Innenpolitik des Aufklärers Joseph II. auch gefährlich dünn geworden, so waren die Beschwichtigungstaktik eines Leopold II., der Ruf der Gutmütigkeit eines Franz II. und die persönliche Bindung eines Erzherzogs Johann geeignet genug, dieses Band wieder zu festigen.
Damit wären aber bereits zwei geistige Motive der späteren Ereignisse umrissen — an erster Stelle nicht deshalb, weil sie etwa am gravierendsten gewesen wären, sondern deshalb, weil sie im chronologischen Ablauf des Geschehens hier einzuordnen sind. Es werden schwerwiegendere Gründe aufzuzeigen sein, die in ihrer greifbaren Realität stärker in das Leben des einzelnen einzuwirken vermochten.

Die bayerische Wirtschafts- und Finanzpolitik

Nachdem es erzwungenermaßen von Österreich an Bayern abgetreten worden war, ergab sich für Tirol fast zwangsläufig eine wirtschaftliche Regression. Der tirolische Handel, der stets ein Zwischenhandel zwischen Italien und Süddeutschland gewesen war (Bozner Märkte!), erlahmte, und die Absatzmärkte in

Österreich und Italien waren auf Grund des Napoleonischen Prohibitivsystems durch schwere Zölle nahezu gänzlich versperrt, was etwa in der Messingindustrie zu katastrophalen Folgen führte. Doch alles in allem waren dies Auswirkungen, die geradezu automatisch mit der Angliederung an den Bündnispartner Napoleons auftreten mußten.

Umsomehr aber erregten die finanzpolitischen Maßnahmen, die von der bayerischen Regierung selbst angeordnet wurden, die Bevölkerung. Indem sie vor allem an die landwirtschaftliche Existenz rührten — und Tirol bestand damals zu etwa neun Zehnteln aus bäuerlicher Bevölkerung! —, wurden sie mit zu den einschneidendsten. Noch im Jahre 1806 wurden die ersten Anordnungen getroffen, galt es doch aus der Neuerwerbung „jene Vorteile zu ziehen, welche den dafür gebrachten Opfern entsprechen", so der bayerische Geheime Staats- und Konferenzminister Montgelas in seinen „Denkwürdigkeiten". Unter der Begründung, daß das Land für das große dort stationierte Truppenkontingent selbst aufzukommen habe, wurde nach einigem Tauziehen um die Art der Steuereinhebung eine Kopfsteuer eingeführt. Größere Folgen zeitigte die bayerische Währungspolitik. Es war dies der zweite Schritt, den die bayerische Verwaltung noch im selben Jahre tat: Es wurde das minderwertige österreichische Papiergeld abgeschafft und seine Einlösung nach dem niedrigen Kurswert gegen bayerisches Silbergeld angeordnet. Das bedeutete, daß Kredite, die seit 1797 in österreichischem Papiergeld aufgenommen worden waren, nach ihrem Nennwert in Silber zurückgezahlt werden mußten. Es liegt auf der Hand, daß damit eine schwere Krise im ländlichen Kreditwesen heraufbeschworen wurde. Wenn auch noch niemals die wirtschaftlichen Auswirkungen der bayerischen Verwaltung in einer umfassenden Untersuchung dargestellt wurden, so fällt doch jedem, der mit besitzgeschichtlichen Arbeiten zu tun hat, die große Zahl der Konkurse in dieser Zeit auf.

Freilich war die Regelung des Valutawesens dringend notwendig gewesen. Der Wert des österreichischen Papierguldens schwankte täglich und wurde Gegenstand der Spekulation.

Vielfach und vielseitig waren noch andere Mittel und Wege, immer höhere Einnahmen aus dem besetzten Land herauszupressen. So wurden etwa die Gläubiger der Schwazer Kreditkasse, die seit der Theresianischen Zeit die Zentrale für die tirolischen Staatsgläubiger war, schwer geschädigt, da alle ab 1769 datierenden Schuldbriefe auf 54 und 50 Prozent ihres Nennwertes herabgesetzt wurden.

Unter den verschiedensten Deckmänteln erhöhte man die Steuern und führte die Stempeltaxen ein. Großen Unwillen, ja helle Empörung verursachte die Unterstellung des Stiftungswesens unter staatliche Verwaltung bei gleichzeitiger Erhöhung des Darlehenszinses aus Stiftungsgeldern. Schon unter Joseph II. hatte eine ähnliche Maßnahme scharfen Widerspruch erfahren. Doch jetzt erhob sich ein Sturm der Entrüstung. Wieder war in erster Linie das Landvolk betroffen, denn gerade die bäuerliche Bevölkerung schätzte diese Stiftungskapitalien besonders als eine schon seit Jahrhunderten bewährte Möglichkeit, billig und leicht Kredit zu erhalten. Unter der staatlichen Verwaltung war es nun nicht nur schwieriger, solchen zu bekommen, er war auch teurer. Zwar verordnete das Patent vom 30. September 1807 eine strenge Trennung zwischen Stiftungsgeldern und Staatsgeldern, doch das Mißtrauen wuchs, befürchtete man doch, der Staat werde sich trotzdem an den Stiftungsgeldern vergreifen, um seinen aufgeblähten Beamtenapparat finanzieren zu können. Hinzu kam ein religiöses Moment: Man glaubte, die frommen Stiftungen der Vorfahren würden geschmälert werden — und damit deren Seelenheil sowie himmlische Belohnungen.

Tatsächlich war bereits die Verwaltung der Stiftungen den Kirchpröpsten entzogen und den bayerischen Staatsbeamten übertragen worden. Gleichzeitig kam auch das Gemeindevermögen unter strenge staatliche Aufsicht. Die nun geforderte Vorlage der Rechnungsausweise, die einzuholende staatliche Genehmigung bei Verfügungen über Gemeindegüter und dergleichen mehr machten gerade dort böses Blut, wo Eigennutz vor dem Gemeinwohl gestanden war. Doch es wäre ungerecht, wollte man hier von Einzelfällen auf die allgemeinen Verhältnisse schließen. Dagegen empfand man ganz allgemein und mit sicherem Instinkt: Der neue, absolutistische Staat war im Begriff, alle alten, traditionsreichen Institutionen zu zerschlagen. Die Gemeinde, eines der eindrucksvollsten Zeugnisse einer gutfunktionierenden Selbstverwaltung, war eine solche Institution, die gerade durch ihre Überschaubarkeit dem Volke umso bewußter war.

Die Aufhebung der Landesverfassung

Bereits 1806 wurde durch die Unterstellung ganz Tirols unter einen Generalkommissär (in der Person des vorherigen Hofkommissärs Graf Arco) nach dem Muster der übrigen bayerischen Provinzen mit der Demontage der alten Landesverfassung begonnen, mit der Aufhebung der landständischen Klöster und der Übertragung der Steuerverwaltung von den Ständen auf staatliche Organe beziehungsweise auf die bei den Landgerichten eingesetzten Rentämter fortgesetzt und mit der bayerischen Konstitution, datierend vom 1. Mai 1808, beendet. Mit der neuen Kreiseinteilung nach dem Beispiel des französischen Systems der Departements mit seiner in Tirol jeder Tradition entbehrenden Benennung nach Flüssen zerschlug man im Volke verwurzelte geschichtliche Gebilde.

Aus den Höchstbesteuerten war eine Nationalrepräsentanz zu wählen, die lediglich das Recht der Gesetzeszustimmung hatte. Den Kreisversammlungen oblag im wesentlichen die Wahl der Nationalrepräsentanten, eine Aufgabe, die die Regierung aber glänzend zu verschleppen verstand.

Der Name Tirol wurde gestrichen, der Inn-, der Eisack- und der Etschkreis traten an seine Stelle. Das Stammschloß Tirol wurde an einen Privaten verkauft — eine Handlung, die das Volk als sehr bezeichnend empfinden mußte.

Die Frage, ob die Aufhebung der Verfassung den Preßburger Frieden verletzt habe, wird von der Forschung seit den Erkenntnissen des Rechtshistorikers Voltelini in verneinendem Sinn beantwortet. Die Preßburger Bestimmung, daß Tirol mit denselben Prärogativen und Rechten an Bayern kommen solle und „non autrement" — nicht anders —, als Österreich es besaß, betrachtete man wegen der neuen Konstitution als von Bayern verletzt und leitete davon das Recht ab, Tirol zurückzuverlangen. Josef Freiherr von Hormayr hat diese Verletzung als Hauptursache des Aufstandes hingestellt, und von Erzherzog Johann wurde sie in seinem Aufruf eindeutig als Vertragsbruch deklariert. Dennoch wäre es nach den

Ergebnissen der neueren Forschung übertrieben, wollte man dem Verfassungssturz eine führende Rolle unter den Ursachen zubilligen, die zur Erhebung führten — schon einfach deshalb, weil derlei politische Gegenstände den einfachen Mann kaum interessierten. Sicherlich schmerzten der „Verlust" des Stammschlosses, das Auslöschen des Namens Tirol und die Zerteilung in Kreise. Doch der Kleinbürger und der Bauer beschäftigten sich nicht mit Verfassungsfragen — und die Landtage hatten längst Seltenheitswert bekommen. Die Stände jedoch erhoben unter Berufung auf die schon erwähnte Stelle im Preßburger Frieden schärfsten Protest. Ihre Begründung wurde dann sofort von Hormayr aufgegriffen und zur offiziellen Meinung am Wiener Hof gemacht. Es erhebt sich überhaupt die Frage, ob dieser Gedanke nicht in den Wiener Kreisen selbst entstanden ist, eine Frage, die nicht mehr eindeutig zu beantworten ist. Im übrigen erregte die Aufhebung der Verfassung verständlicherweise am meisten die Mitglieder der Landstände, die im Dienste der Landschaft, der Gemeinschaft der ständischen Vertreter, Stehenden und vor allem auch den landständischen Adel.

In der breiten Volksmasse jedoch sorgte ein Heer von bayerischen Beamten für immer virulentere Stimmung. Besonders seit der Verfassungsänderung verfolgte man mit allem Nachdruck die Bürokratisierung. Eine Flut von Versetzungen und Pensionierungen brach über die österreichisch gesinnten Beamten, aber auch über Untüchtige herein. Die unzähligen neugeschaffenen Dienststellen wurden weitgehend mit Bayern besetzt. Daneben war in den unteren Diensträngen der österreichische Beamte, der über Nacht ein eifriger bayerischer Staatsdiener wurde, nicht selten. Denunziantentum und Blitzkarrieren traten in der für politische Umstürze typischen Häufigkeit auf.

Es verdient auch hervorgehoben zu werden, daß sich eine Anzahl bayerischer Richter so großes Ansehen und Vertrauen bei der Bevölkerung erwerben konnte, daß nach dem Einmarsch der Österreicher um deren Weiterverbleib im Amte ersucht wurde. Im großen und ganzen jedoch dominierte eine Schärfe, die so manche heute hochmodern zu nennende Maßnahme (beispielsweise die Kinderimpfungen und das Vorgehen gegen die Unzahl von Kurpfuschern) als verhaßte Zwangsmaßnahme erscheinen ließ. Ein allem Neuen gegenüber angestammtes Mißtrauen tat ein übriges. Wenn aber so zweifelhafte Charaktere wie etwa Johann Theobald von Hofstetten oder Graf Max Nyss gar an die Spitze von Kreishauptmannschaften berufen wurden, wo sie sich mit ebenso kaltschnäuziger Härte wie skandalösem Privatleben hervortaten, so war dies sehr geeignet, das Volk in Weißglut zu bringen. Die Idee des Schwazer Kreishauptmannes Nyss, den Namen Kaiserbirne zu verbieten, weil er zu sehr an Österreich erinnern könnte, und diese ebenso altbewährte wie harmlose Tiroler Obstsorte in Königsbirne umzubenennen, oder sein Einfall, einen Ofen abtragen zu lassen, weil dessen Kacheln einen Adler zeigten, mögen den krankhaften Übereifer solcher Leute ausreichend charakterisieren.

Bayerns Kirchenpolitik

Am stärksten wirkte sich der autoritäre, von keinerlei Einfühlungsvermögen geleitete bayerische Bürokratismus auf dem Gebiete der kirchlichen Verordnungen aus.

Seit dem Verbot der Christmette steigerte sich der Unwille von Jahr zu Jahr. Fast in jeder Anordnung begann man alsbald einen religionsfeindlichen Akt zu erblicken. Mit noch größerer Wucht als zu Zeiten eines Joseph II. prallte nun die Aufklärung gegen einen erzkonservativen Katholizismus. Kaum woanders hatte die Gegenreformation eine derart überschäumende barocke Religiosität hervorgebracht wie hier. Die „Lutherischen" waren längst zu Ungläubigen schlechthin avanciert, und daß über die mit anerkennenswerter Energie betriebene Pockenimpfung das Gerücht entstehen konnte, sie sei ein teuflisches Mittel dazu, das Luthertum einzuimpfen, zeigt die Bandbreite solcher Gedankengänge.
Es steht außer Zweifel, daß gerade die bayerische Kulturpolitik und der damit verbundene Kulturkampf ganz starke Parallelen in der Zeit Maria Theresias und Josephs II. haben. Aber hatte damals die lässige österreichische Art der Verwaltung vieles gemildert und manches ad acta gelegt, so führte nun die bayerische Regierung mit starrköpfiger Konsequenz die Neuerungen durch. Daß Bayern gerade in dieser Zeit die Hochblüte der Aufklärung erlebte, ist dabei nachdrücklichst zu betonen.
Im Kirchenkonflikt kulminierte die antibayerische Gesinnung. Die Verhaftungen und Deportierungen von Priestern, die Landesverweisung von Bischöfen und die Vertreibung der geliebten Bettelmönche waren reichlich geeignet, im Denken des einfachen Volkes die Vorstellung einer rigorosen Christenverfolgung entstehen zu lassen.
Durch das Verbot von Kreuzgängen, Prozessionen, Wallfahrten, Wettersegen und Wetterläuten konnte man sich geradezu in seiner Existenz bedroht und den bösen Geistern schutzlos ausgesetzt fühlen. Diese Regierung war für den einfachen Mann zum Feind der Religion schlechthin geworden, und der Aufstand wider sie gewann den Charakter eines „heiligen Krieges". Ihr Vorgehen „gegen die Kirche" machte ihre Bekämpfung zu einer gottgewollten.
Dies war das Banner, das man über die vielen Gründe der Unzufriedenheit erhob. Wenn Marschall Lefebvre am 12. August 1809 an Napoleon berichtet, „diese wilden Tiroler steigen mit rasendem Geschrei ins Inntal hernieder, das Kruzifix an der Spitze, mit ihren Priestern, rasend wie Tiger", so ist dies zwar eine den Rückzug von Südtirol rechtfertigen wollende Übertreibung, dennoch wird in diesen Worten zwar ungewollt, aber sehr treffend das psychologische Moment des Aufstandes symbolisiert.
Die ganze kirchliche Konfliktsituation hat ihren Ursprung in der Anschauung einer vom aufgeklärten Absolutismus beseelten Regierung, daß sich die Kirche völlig dem staatlichen Interesse und der staatlichen Verfügungsgewalt zu unterstellen habe. Das besagt allerdings nicht, Bayern habe eine Nationalkirche zu installieren versucht! Die unentwegten Bemühungen um eine Verständigung mit der Kurie sprechen sehr dagegen. Lediglich von einer Unterordnung der bayerischen Bischöfe unter einen bayerischen Metropoliten ist die Rede.
Das staatliche Kirchenregiment hatte im Stammland bereits die Heranbildung des Klerus, die Säuberung der Liturgie von diversen kultischen Wucherungen, die Abschaffung von Feiertagen und eine Reihe von Klosteraufhebungen mit harter Konsequenz in die Hand genommen. Geradezu mit Feuereifer wurde diese Politik im neuerworbenen Territorium verfolgt. Unter dem an sich schon vielsagen-

den Titel „Kirchenpolizei" entfaltete sich eine zunehmend verhaßte Regsamkeit der bayerischen Beamten, die sich in alles und jedes mischten und jedes kirchliche Fest und jedes religiöse Brauchtum unter dem Aspekt eines etwaigen volkswirtschaftlichen Schadens oder eines möglichen Unfugs genauestens sezierten und mit einem Verbot immer sehr schnell bei der Hand waren.

Das landesfürstliche Verordnungsrecht in kirchlichen Angelegenheiten gab bereits Ende des Jahres 1806 eine Kostprobe des Kommenden, als sieben Tage vor Weihnachten die Christmette verboten wurde. Eine Gottesdienstordnung und zahlreiche Mandate zur Beobachtung der aufgehobenen Feiertage folgten. Eine so liebgewordene, aus dem bäuerlichen Alltagsleben nicht wegzudenkende Beschäftigung wie das Rosenkranzgebet wurde als öffentliche Andacht strikt verboten. Die Heiligen Gräber, jene sinnenfrohen Staffagen barocker Frömmigkeit, wurden auf die Aufstellung des Sanktissimums am verhangenen Seitenaltar reduziert. Mit dem Einschreiten gegen Prozessionen traf man auch — gewollt oder ungewollt — die Kommunikationsmöglichkeit ganzer Talschaften, wie sie etwa eine sich über alle Filialkirchen erstreckende Pfarrprozession zu bieten vermochte.

Die Worte des Kaplans Josef Daney aus Schlanders schildern trefflich die Situation, in der sich vor allem ein großer Teil des Kuratklerus damals befand: „Da wir sahen, daß die bayerische Gottesdienstordnung nichts Wesentliches an der Kirche änderte, ja manches zweckmäßiger machte, so befolgten wir sie genau. Aber wir machten uns beim Volk, welches so zäh an seinen Gebräuchen festhält, damit verdächtig, ja fast verächtlich. Wir bekamen Schimpf und Spott, als wir die Heiligen Gräber nicht errichteten und die Auferstehungsfeier auf den Ostersonntag verlegten. Man werfe uns nicht vor, wir hätten das Volk belehren sollen. Das wäre beim Gebirgsvolk ganz vergebens gewesen. Wir hatten schon genug zu tun, das Volk in Ruhe zu erhalten. Es wurde uns verboten, an den Sonntagen nach Fronleichnam die Evangelien auf dem Friedhof zu singen. Das war gewiß eine Kleinigkeit, und jeder Priester weiß, daß man für die Feldfrüchte ebensogut in der Kirche beten kann. Wir belehrten darüber auch das Volk, aber je mehr wir redeten, umsomehr verloren wir das Vertrauen. Durch solche Verbote werden weder die Sitten auf dem Lande verbessert, noch werden die Finanzen für Staat und Kirche vermehrt. In München werden solche Gebräuche geduldet, wie es unsere Landsleute, die mit Obst dort handelten, selbst erzählten, nur in Tirol nicht: So räsonierte man auf allen Gassen. Selbst Gott Vater schien mit uns Priestern seinen Spaß zu treiben. Es gab selten schwerere Hochgewitter und richteten die Wildbäche solche Verwüstungen an wie gerade zu dieser Zeit, wo das Wetterläuten verboten war. Bei solchem Schaden wurde dann uns Priestern vom Bauern die Schuld gegeben, weil wir nicht läuten ließen. Vorurteile lassen sich nicht plötzlich vertilgen. Wenn man sich an den Gebräuchen des Volkes vergreift, so greift man ihm ins Auge."

Aus ganz anderem Holz geschnitzt waren die Bettelmönche. Sie waren viel inniger mit dem Volk verbunden und teilten auch weitgehend dessen Weltanschauung. Mit ihren Exorzismen und Benediktionen hatten sie sich auf ein Metier spezialisiert, das ihnen die Anhänglichkeit und Verehrung des einfachen Mannes sicherte. Sie waren es dann auch, von denen — am meisten verfolgt — keinerlei besänftigende Wirkung, sondern heftige Ermunterung zur Insurrektion ausging.

Unter dem Vorwand der Aufwiegelung des Volkes und Beteiligung an der Churer Agitation wurde dann im Jahre 1808 mit aller Schärfe vor allem gegen die Kapuziner vorgegangen. Nachdem ihre Aufhebung im Churer Sprengel beschlossen worden war, wurden mitten in der Nacht alle Patres aus dem Ordenshaus zu Meran auf Wagen verladen und zur Verteilung in andere Klöster abgeführt. Die Aufhebung weiterer Ordenshäuser folgte.
Verschiedene Maßnahmen der bayerischen Regierung beschworen insbesondere den Widerspruch der Bischöfe herauf, etwa in bezug auf ihre Ansprüche auf Besetzung der Pfründen. Wesentlich kompromißloser als die österreichische Regierung bestand man nun in den säkularisierten Hochstiften auf dem Patronatsrecht an allen Benefizien, die nicht bereits in einem Laienpatronat standen. Den Bischöfen wurde nur noch eine scheinbare Mitbestimmung eingeräumt; sie hatten nämlich einen Ternavorschlag zu machen, aus dem der Staat den Benefiziaten auswählen konnte, grundsätzlich jedoch gar nicht an den Vorschlag gebunden war.
Auch die Regelung der Heranbildung des Klerus, wonach nur jene zu den höheren Weihen zugelassen werden durften, die an einer Staatsuniversität die Prüfungen abgelegt hatten, stieß bei den Bischöfen auf geharnischten Protest. Sie wandten sich an den Papst, dessen Breve (1. August 1807) beide Verordnungen ablehnte, eine Entscheidung, der gescheiterte Konkordatsverhandlungen mit Bayern vorausgegangen waren und an der die österreichische Staatskanzlei vielleicht nicht unbeteiligt war — zumindest rühmte sich dessen der österreichische Geschäftsträger in Rom —, was beim begreiflichen Interesse Österreichs an einer Verschärfung des Kirchenkonfliktes durchaus naheliegend wäre.
Der episkopale Widerstand fand im Churer Bischof Karl Rudolf Freiherr von Buol-Schauenstein mit seinem Mitkämpfer Gottfried Purtscher, dem Regens seines Seminars, einen unbeugsamen Führer. Die Bischöfe von Brixen und Trient teilten zwar die Meinung des Churer Bischofs, folgten aber nicht seinem Verhalten. Vor allem Karl Franz von Lodron, Bischof von Brixen, schlug den Weg des geringsten Widerstandes ein, und Emanuel Graf Thun, Bischof von Trient, ein Mann von mittelmäßigem Geist und Charakter, war prekärerweise der bayerischen Regierung für die Erlaubnis zur Rückkehr in sein Bistum verpflichtet. So mußte sich ganz folgerichtig der Tiroler Anteil der Diözese Chur zum eigentlichen Brennpunkt des Kirchenkonfliktes entwickeln — auf der einen Seite der ultramontane Bischof, der so oder so den Verlust des tirolischen Bistumsanteiles zu befürchten hatte, und auf der anderen Seite der schärfste der Scharfmacher, Johann Theobald von Hofstetten, Kreishauptmann von Bruneck, dann königlicher Spezialkommissär in Kirchenangelegenheiten.
Am 24. Oktober 1807 erfolgte die Ausweisung der Bischöfe von Chur und Trient. Verhinderte Graf Thun durch Anerkennung des bayerischen Generalvikars ein Schisma, so scheute Bischof Buol keinen Augenblick davor zurück. Er ernannte gegen die von der Regierung eingesetzten Vikare Provikare und agitierte nun mit allen Mitteln von Graubünden aus gegen das bayerische Regime. Dessen hektische Gegenmaßnahmen gipfelten in der Verhaftung und Wegführung zahlreicher bischofstreuer Priester, in der Vertreibung der Benediktiner aus Marienberg und in der Deportierung der eifrigsten Anhänger des Bischofs, der Kapuziner. Damit verbunden war die Einsetzung zahlreicher aus Bayern berufener

Priester — Schismatiker und Ketzer in den Augen des Volkes, die man zu meiden hatte!
Mit päpstlichem Breve vom 3. September 1808 wurde der Churer Anteil zum Bistum Brixen geschlagen. Doch der Konflikt zwischen einzelnen Gemeinden und von Bayern eingesetzten Priestern und die Empörung über die Vertreibung der eigenen Geistlichen fanden damit kein Ende.

Die Konskription
(mit einem Exkurs in die Geschichte der Tiroler Wehrverfassung)

In diese Zeit der höchsten Gärung fiel nun die Konskription. Um die Tragweite dieses bayerischen Entschlusses, aber auch die kommenden kriegerischen Ereignisse zu verstehen, bedarf es eines kurzen Rückblicks auf die Entwicklung der Tiroler Wehrverfassung. Ihr Ausgangspunkt ist im sogenannten Landlibell Kaiser Maximilians I. vom Jahre 1511 zu suchen. Dessen wichtigste Bestimmung lautete, daß das Aufgebot nur zur Verteidigung des Landes Tirol herangezogen werden durfte und nicht für auswärtige Kriege. Die Truppen waren von allen Ständen nach einem bestimmten Schlüssel zu stellen. Die Höhe des Aufgebots oder Zuzugs für das ganze Land wurde je nach Bedarf auf 5000, 10 000, 15 000 oder 20 000 Mann festgesetzt. Bei plötzlichem Feindeinbruch konnte allerdings der Zuzug des ganzen Landes zu lange dauern. Dann mußten bis zum Eintreffen der „Macht" oder des Zuzugs alle in den nächstbedrohten Gegenden, die nach ihrem Alter zur Wehr „geschickt" sind, auch aus der dienenden Schicht in den Städten und Landgerichten auf den Glockenstreich hin „zur Wehr auf sein". Diese Truppen bildeten den „Sturm".
Auf dieser Grundlage blieb die Wehrverfassung durch drei Jahrhunderte bestehen. Freilich wurden verschiedene neue Zuzugs- oder Wehrordnungen im Einvernehmen mit dem Landtag von einzelnen Landesfürsten erlassen, so etwa 1605 und 1704. Seit 1636 nannte man in Tirol den Zuzug die Landmiliz. Sie bestand aus Bürgern und Bauern, die in Listen oder Rollen verzeichnet und nur an Sonntagen zu Musterungen und fallweisen Exerzierübungen zusammengerufen wurden.
Neben dieser Landmiliz bestand weiterhin die Institution des Landsturmes — in der Tiroler Wehrordnung von 1704 erstmals in dieser Wortverbindung genannt. Außer diesen beiden Organisationen erfreute sich das Schützenwesen einer reichen Tradition und wurde etwa seit 1700 ein wesentlicher Bestandteil des Tiroler Wehrwesens. Ausgehend von Stachel- oder Armbrust-, später Büchsen- oder Feuerschützengesellschaften mit eigenen Schützenmeistern und Statuten, nahmen diese Vereine sehr schnell eine große Entwicklung und bildeten bald den Kern des Zuzugs. Seit dem Ende des 17. Jahrhunderts stellte man aus den Scharf- und Scheibenschützen eigene Kompanien auf, die dann im Jahre 1703 neben dem Landsturm auch entscheidend eingriffen. Die Zuzugsordnung von 1704 weiß sie dafür besonders hervorzuheben, und in der Neuordnung der gesamten Schießstände Tirols (1736) kommt die hochgradige Bedeutung zum Ausdruck, die ihnen vom Landesfürsten zugemessen wurde. Im Jahre 1741 wurden die Scharf- und Scheibenschützen ähnlich der Landmiliz nach den Landesvierteln in vier Regimenter gegliedert. Die Schützen mit ihrem handlichen Stutzen, der Freiwilligkeit

des Beitritts und der freien Wahl ihrer Offiziere erfreuten sich viel größerer Beliebtheit als die Landmiliz.
Infolge der Franzosenkriege kamen 1799, 1802, 1804 und 1805 neue Wehrordnungen heraus. Im wesentlichen beriefen sie sich alle auf das Landlibell von 1511. Die Ausrückungszeit der Milizkompanien wurde mit drei Monaten festgelegt. Die Zuzugspflicht wurde auf die „ganze steuerbare und die ganze hilfeleistende Klasse" (also Dienstleute, Knechte usw.) ausgedehnt. (Im Landlibell waren letztere lediglich zur Landsturmpflicht nominiert gewesen, kamen also früher nur als Ersatz für Bürger und Bauern zur Miliz.) Unter dem Einfluß der Französischen Revolution war nun die Gleichheit der Wehrpflicht für alle eingeführt.
Die Milizpatente von 1802 und 1804 erregten den Widerwillen der Bevölkerung. Die Exerzierpflicht, die Ausrüstung (lange Armeegewehre) und insbesondere die festangestellten Milizoffiziere, von denen schärferer Drill befürchtet wurde und deren Besoldung durch eine neue Häusersteuer gedeckt wurde, erweckten alles eher als Sympathie. Die kaiserliche Verordnung von 1805 betraf den Landsturm. Die gesamte Bevölkerung vom 18. bis zum 60. Lebensjahr hatte — soweit sie nicht bereits der Landmiliz oder den Schützenkompanien eingegliedert war — daran teilzunehmen. Die Stürmer der einzelnen Gerichte sollten sich in Kompanien (nach dem alten Namen Rotten oder Scharen) zu je 120 bis 160 Mann sammeln, selbst ihre Anführer wählen und sich mit Waffen ausrüsten. Wo keine Feuerwaffen vorhanden waren, sollten Spieße, Morgensterne und Hacken einen Ersatz bilden. Der Landsturm hatte nur einige Tage unter Waffen zu stehen, dafür aber keinen Sold, sondern nur die Verpflegung zu erhalten.
Versuche einer Konskription, also einer Aushebung zu langjährigem Militärdienst, hatte es schon unter Österreich gegeben. So versuchte etwa die Regierung unter Maria Theresia 1745 und 1770 das Tiroler Wehrwesen jenem der Gesamtmonarchie anzugleichen. Beidemal wies die Landschaft ein solches Ansinnen energisch zurück: Eine allgemeine Wehrpflicht gelte nur für das Landesaufgebot im Kriegsfalle, die Landmiliz diene als Vorbereitung, sei aber kein Militärdienst im Frieden — von Musterungen und gelegentlichen Aufmärschen abgesehen; die jungen Leute dürften nicht von der Feldarbeit abgezogen werden, und der Gebirgler sei überhaupt zum Exerzieren nicht geeignet. Die Regierung begnügte sich daraufhin damit, das stehende Landregiment durch Werbung und mit einem höheren Kostenbeitrag der Landstände auszugestalten.
Als Joseph II. die Konskription im Jahre 1786 ohne Rücksicht auf die Landstände auch in Tirol festlegte, stieß er auf schärfsten Protest. Ähnlich der bayerischen Aktion führte schon damals die allgemeine Militärpflicht als eine der verhaßtesten innenpolitischen Maßnahmen hart an den Rand einer schweren Krise, und es zeigten sich bereits Symptome, die alle Züge eines Aufstandes trugen. Die großen außenpolitischen Schwierigkeiten haben Joseph II. in seinen letzten Lebensjahren sehr viel innenpolitische Energie entzogen, und sein Nachfolger hat die Konskription in Tirol nie mehr betrieben.
Was die Haltung Bayerns betrifft, so läßt sich nicht leugnen, daß man gerade in dieser Hinsicht zunächst größte Vorsicht walten ließ. Es ist augenscheinlich, daß erst die allgemeine hochbrisante Situation zu Beginn des Jahres 1809 mit den erhöhten militärischen Forderungen Napoleons an seine Bündnispartner Bayern zu

diesem Schritt nötigte, über dessen Gefährlichkeit man sich ziemlich im klaren war. Man wußte schließlich nur zu gut, daß das Landlibell für die Tiroler noch immer die einzig gültige Maxime war. Man wußte, welche Mühe es die letzten österreichischen Herrscher gekostet hatte, ein Landregiment — ohnehin nur durch Werbung oder Strafstellung — aufzubauen, und man wußte, daß Joseph II. in der Konskription über Anfangsstadien nicht hinausgekommen war.
So kennzeichnet die ersten Aktionen Bayerns große Zurückhaltung. Zunächst war die alte Wehrverfassung stillschweigend aufgehoben worden. 1807 wurde durch freie Werbung ein Bataillon Jäger aufgestellt, das sich im Jahre 1808 auf einem Marsch bis Weilheim bereits um dreihundert Mann (von rund achthundert Mann) durch Desertion verringerte und dessen Kommandant mutmaßte, daß er wohl nur an die zweihundert Mann bis Augsburg bringen würde. Auch die Installierung einer Bürgerwehr für Städte und größere Märkte brachte zwiespältige Erfahrungen und hatte an sich ohnehin nur pseudomilitärischen Charakter.
Nun aber, Anfang 1809, begann man mit dem Rekrutierungsgeschäft. Es wurde in den meisten Fällen mit größter Schärfe vorgegangen. Die Regierung erkannte, daß ein Aufstand kaum mehr möglich war, wenn die waffenfähige Jugend außer Landes gebracht wurde. Gerade dies aber mußte auf österreichischer Seite schwerste Befürchtungen erregen. Es überrascht deshalb nicht, daß von dieser Seite die Tiroler Jugend zur Fahnenflucht förmlich ermutigt wurde. Erzherzog Johann forderte sie geradezu auf, ohne Gewalttätigkeiten in das Salzburgische oder nach Kärnten zu flüchten. Dort wurden dann eigene Werbekommandos für desertierte Tiroler Jäger aufgestellt. Tatsächlich war dann auch die Fahnenflucht ungemein groß. So stellten sich beispielsweise aus den Dörfern des Landgerichtes Innsbruck von 119 Einberufenen lediglich drei, die übrigen 116 wurden von den Eltern oder den Vormündern als entlaufen gemeldet — ins Gebirge oder nach Österreich. Wo die Stellung mit Gewalt versucht wurde, kam es zur Revolte. So fielen Mitte März in Predazzo im Fleimstal die ersten Schüsse. Ebenso kam es in Axams am 13. und 14. März zu offenen Kampfhandlungen zwischen der heimischen Bevölkerung und dem Militär. Die blamable Rolle, die dieses dabei spielte, sollte später noch ihre Folgen haben. In Imst, im Stanzertal und in Pfunds wurden gefährliche Zusammenrottungen festgestellt.
Man begann allmählich zu erkennen, daß die Konskription kaum durchführbar sein würde und daß gerade die unmittelbare Nähe des Krieges gegen Österreich sie noch unmöglicher machte. Der Generalkreiskommissär des Eisackkreises, Georg von Aretin, äußerte dem König gegenüber mit Recht, jeder andere Zeitpunkt seit 1806 wäre für die Stellung günstiger gewesen. So kam es gegen Ende März zu einer königlichen Verordnung, die die Sistierung der Aushebung zum Inhalt hatte. Dieser Rückzieher dokumentierte die Ohnmacht der bayerischen Regierung. Der leitende bayerische Minister, Montgelas, definierte rückblickend die Folgen dieses für die Regierung recht schmählichen Ergebnisses der Konskription: „Die Truppen fanden sich durch den ergebnislosen Kampf mit Bauern gedemütigt, während die Bauern, stolz auf den geleisteten Widerstand, sich umso kräftiger fühlten, von nun an nichts mehr für unerreichbar hielten und von jeder ihrer Unternehmungen Erfolg hofften."
Man wird also in der Militärstellung und der Reaktion darauf mit einigem

Recht nicht nur eine wesentliche Ursache der antibayerischen Gesinnung erblicken dürfen, sondern auch eine weitgehend erfolgreiche „Generalprobe" des Aufstandes und — im Hinblick auf den Aufruf zur Fahnenflucht — der Einflußnahme seitens Österreichs.

Verbindungen zu Wien, Konkretisierung des Aufstandsplanes

Die zusehends erstarkende Kriegspartei in den Wiener Regierungskreisen erblickte hauptsächlich im Volkskrieg eine Chance für ein siegreiches Österreich. Das erwachende nationale Empfinden und die Unzufriedenheit weiter Kreise Deutschlands gaben zur Hoffnung Anlaß, durch Unterstützung und Förderung dieser Strömungen Preußen an der Seite Österreichs in den Krieg ziehen zu sehen. Kontakte zur preußischen Patriotenpartei, zu den reichsfürstlichen, gräflichen und ritterlichen Familien in den ehemaligen österreichischen Vorlanden, zur aristokratisch-konservativen Partei in der Schweiz, sogar solche zu Italien waren geeignet, den großen Kreis der Napoleongegner zu sammeln.
Vom rein strategischen Standpunkt aus aber schien Tirol von entscheidender Bedeutung zu werden, konnte es doch die Verbindung zwischen den feindlichen Armeen in Deutschland und Italien versperren, mehr noch — von Tirol aus konnten Vorstöße gegen Norden und Süden den Rückzug des Feindes empfindlich stören. Zumindest aber konnte eine unbezwungene Gebirgsfestung im Rücken eines nach Österreich einmarschierenden Feindes gefährlich werden.
Die Beziehungen zwischen Tirol und Wien waren eigentlich nie abgebrochen. In den Wiener Theatern spielte man Tiroler Nationalstücke, Erzherzog Johann erbaute zu Schönbrunn für seine lieben Tiroler eigens ein Tirolerhaus, und in der Kaiserstadt war es Mode geworden, sich einen Haustiroler zu halten.
In weiten Kreisen der Tiroler Bevölkerung, vor allem auf dem Lande, hatte man seit Preßburg nie aufgehört, auf die „Heimkehr" zur Monarchie zu hoffen. Erzherzog Johann wurde zum Symbol der Wiedervereinigung. Geschäftliche, verwandtschaftliche und freundschaftliche Beziehungen zwischen hüben und drüben ermöglichten einen regen Verkehr. Schon 1806 fuhr eine Bauernabordnung nach Wien, um ihre Beschwerden über die bayerische Regierung zu deponieren.
Eine aktive Aufmunterung zur Verschwörung ging zuerst von Bischof Buol aus. Ende 1807 kam es vor allem im Burggrafenamt und im Vintschgau zu heimlichen Zusammenkünften. Daß dabei, wie dann bei der Erhebung selbst, den Wirten eine führende Rolle zukam, ist leicht verständlich, ermöglichte diesen doch ihr Beruf eine vielfältige Kontaktnahme mit den Unzufriedenen, ohne den Verdacht der bayerischen Spitzel zu erregen; andererseits waren neben den Bauern gerade die Wirte am meisten durch die Wirtschafts- und die Finanzpolitik der Regierung geschädigt. Ob Buol in Kontakt mit der Staatskanzlei agiert hat, läßt sich nicht klar feststellen, eine Verbindung über seinen Bruder, den Gesandten am Würzburger Hofe, wäre aber sehr denkbar.
Mit der Einrichtung regelmäßiger Korrespondenzen und Korrespondenzbüros (bereits 1806 eines in Klagenfurt) wurde jedenfalls eine direkte Verbindung zu Wien hergestellt und später förmlich zu einem regelmäßigen Kundschafts- und Spionagedienst ausgebaut. Als nun im Laufe des Jahres 1808 in Wien der Ent-

schluß reifte, einen neuerlichen Krieg gegen Napoleon zu wagen, traten die österreichisch-tirolischen Verbindungen in ein neues Stadium. Tirol wurde in die Kriegsvorbereitungen einbezogen. Besonders maßgeblich hiefür wurden Erzherzog Johann und der aus angesehenem altem Tiroler Geschlecht stammende Josef Freiherr von Hormayr, Hofsekretär und supplierender Direktor des kaiserlichen Staatsarchivs, der innerhalb kurzer Zeit größtes Vertrauen beim Erzherzog erlangen konnte. Er verstand es ausgezeichnet, ihm in ebenso dringlichen wie liebedienerischen Phrasen die Rolle des großen Befreiers des geknechteten Volkes einzureden. „Eure Hoheit bleibt unser Pelajo in unserem Asturien, im norischen und karnischen Gebirg, das auch Dero Vorbild Ritter Teuerdank so sehr geliebt hat, aber mehr noch die blauen Felsen und schwarzen Wälder und das heitere Himmelsblau über dem Inn, der Drau und dem Eisack, an die ich nicht denken kann ohne Schmerz und Rachgier."

Anfang November konkretisierte der Erzherzog vor dem Kaiser seine Pläne, wie die Erhebung vorzubereiten wäre. Einerseits sollte ein verstärkter Spionagedienst über die Aktionen des Gegners unterrichten, andererseits sollte eine Kette von Agitatoren im Schneeballsystem das Volk so aufwiegeln, daß zugleich mit dem Einmarsch der kaiserlichen Truppen der Aufstand ausbräche. Wenn bei diesem Vortrag auch nie speziell ein Land genannt wurde, so meinte Johann doch in erster Linie Tirol, wie er später bekannte.

Um Neujahr war von kaiserlicher Seite endgültig der Entschluß zum Krieg gefaßt. Ende Jänner kamen auf Einladung Erzherzog Johanns drei Tiroler Vertrauensmänner nach Wien: der Sandwirt Andreas Hofer, Peter Huber, Wirt in Bruneck, und der schon längere Zeit mit Wien in Verbindung stehende Kaffeesieder Nessing aus Bozen. Die Abgeordneten drängten auf baldigen Einmarsch der Österreicher, denn es seien gerade nur 2500 Mann zur Verteidigung in Tirol anwesend, deshalb sei wohl der günstigste Augenblick gekommen. Bald darauf langte auch eine Nordtiroler Dreier-Gesandtschaft ein, die vor allem die verfassungswidrige Konskription anprangerte, die gerade auf Hochtouren lief. Es wurde schon in anderem Zusammenhang darauf hingewiesen, daß die Desertionswelle vom Erzherzog begrüßt und gefördert wurde. Weitere Unterredungen mit Tiroler Abordnungen folgten. Hormayr hatte schon nach dem Besuch Hofers, Hubers und Nessings die Verhandlungsergebnisse schriftlich präzisiert; unter anderem sollte nun die Verständigung zwischen den Vertrauten nur noch mündlich erfolgen, Kirchen und Wirtshäuser seien als Kontaktorte zu bevorzugen, von der Geistlichkeit seien nur die Bettelmönche heranzuziehen, Vorräte für das österreichische Militär seien zu schaffen, feindliche Durchzüge durch Tirol zu vereiteln.

Die drei Vertrauensmänner betrieben nach ihrer Rückkehr eine rege Werbetätigkeit. Der Sandwirt Andreas Hofer trat dabei schon frühzeitig als einer der Unermüdlichsten auf. Im ganzen Land wußte er in kurzer Zeit Vertraute an sich zu binden. So überzog das Land bald ein dichtes Netz von Eingeweihten, die den Aufstand vorbereiteten.

Hormayr entfaltete nunmehr eine geradezu hektische publizistische Tätigkeit. Die Ereignisse in Spanien und Napoleons Bruch mit dem Papst lieferten ihm reichlich Stoff für seine antinapoleonische Propaganda. Er sorgte für die Massenverbreitung seiner Darstellung des spanischen Aufstandes und von Napoleons

Korrespondenz mit dem Papst. Mit einer volkstümlichen Ausgabe der Geschichte der Vendée, des Schauplatzes der blutigen royalistischen Erhebung gegen die Französische Revolution, versuchte er in weiteste Leserkreise einzudringen. Sein Vorwort hiezu schildert eindringlich die Vorteile des Gebirgskrieges und die großen Chancen des Volkskrieges. Noch nachhaltigere Wirkung erwartete er sich von zündenden Aufrufen, und zwar in verschiedenen Ausgaben, solchen für Gebildete und solchen für jedermann, zum Teil anonym, um die Regierung nicht zu kompromittieren, zum Teil unter dem Namen des Erzherzogs.
Es darf jedoch nicht übersehen werden, daß es in Wien einflußreiche Kreise gab, die in der Volksbewegung an sich eine Einschränkung der absoluten Staatsgewalt sahen, ein bedrohliches Anzeichen politischen Selbständigkeitsstrebens der Untertanen. Den Militärs, an ihrer Spitze Erzherzog Karl, war ein Kampf an der Seite eines Volksheeres grundsätzlich suspekt. Manche spätere Ereignisse erwiesen diese Haltung als nicht ganz ungerechtfertigt.

Bayerns Haltung

Wie war nun das Verhalten Bayerns gegenüber den Widerstandsvorbereitungen in Tirol?
Vorweg sei festgestellt, daß die seit Hormayr kolportierte Meinung, der Aufstand sei für die bayerische Regierung völlig unerwartet gekommen, in das Reich der Legende verwiesen werden muß. Nicht daß es auch nur einen einzigen Verräter unter den Verschworenen gegeben hätte, doch der Sturmzeichen gab es zu viele! Es hätte gar nicht so auffälliger Beweise bedurft wie etwa der Wallfahrten für einen Sieg der österreichischen Waffen. Schon bei der Reise König Maximilians I. Joseph nach Innsbruck im Mai 1808 hatte man die Gärung im Landvolk bemerkt. Zu Beginn des Jahres 1809 wurde es der Regierung zur Gewißheit, daß man am Vorabend folgenschwerer Ereignisse stand. Der französische Gesandte in München, Graf Otto, wußte von den geheimen Korrespondenzen zwischen Tirol und Österreich, der bayerische Gesandte in Wien, Freiherr von Rechberg, bestätigte die schlechten Nachrichten aus Tirol. Berichte aus Brixen meldeten die feindliche Stimmung in der Bevölkerung. Man erfuhr von den Deputationen nach Wien. Die Ereignisse rund um die Konskription waren ernste Alarmzeichen. Am 15. März wandte sich Otto mit einer Schilderung dieser Vorgänge und der allgemeinen Stimmung direkt an Napoleon.
So stellt sich also zu Recht die Frage. Welche Vorkehrungen unternahm die bayerische Regierung gegen die sich bildende Widerstandsbewegung? Die Antwort ist: Zumindest militärisch unternahm sie keine Vorkehrungen! Die Erklärung hiefür liegt in der völligen Abhängigkeit Bayerns von Napoleon. Und dieser glaubte nicht an einen Einmarsch der Österreicher in Tirol; auch war ihm Tirol in seinem militärischen Konzept zunächst ziemlich gleichgültig. Er wußte, die Entscheidung würde an der Donau fallen, und die bayerischen Truppen sollten einen Teil der Donauarmee bilden. Lediglich die tirolisch-bayerischen Grenzfesten, darunter besonders Kufstein, sollten gut besetzt werden.
Den Ausbruch des Krieges hätte Napoleon gern bis Ende April hinausgeschoben. Ein rascher Vormarsch des Vizekönigs Eugène Beauharnais nach Klagenfurt hätte

dann die Österreicher daran gehindert, in Tirol einzumarschieren. Falls der Einmarsch aber doch geschehen sollte, maß er ihm — wie der Ablauf des Krieges erweisen sollte, mit einiger Berechtigung — keine allzu große Bedeutung bei. „Lassen wir die Österreicher in Tirol machen, was sie wollen. Ich will mich in keinen Gebirgskrieg einlassen", beschloß Napoleon.

So konnte diese bayerische Untätigkeit, ein Diktat Napoleons also, von den Zeitgenossen als ein Zeichen der Unwissenheit gedeutet werden. So konnte die Legende entstehen, die Regierung sei vom Aufstand völlig überrascht worden.

Die erste Befreiung

Die bayerische Besatzung und der Einmarsch des Tiroler Korps

Der Ausbruch des Krieges erfolgte früher, als es Napoleon gewünscht hatte, und später, als es für Österreich günstig gewesen wäre*. Es ist erstaunlich, mit welchen unklaren Vorstellungen Österreich in den Krieg ging. Man kann den maßgeblichen Kreisen alles andere als ein klares militärisches und politisches Konzept bescheinigen. Im letzten Augenblick noch war für die Hauptarmee der Angriffsplan geändert worden; nicht von Böhmen aus sollte nach Deutschland vorgedrungen werden, sondern man beschloß, an der Donau zu kämpfen. Der Krieg sollte mit der Hauptarmee unter dem Generalissimus Erzherzog Karl (190 000 Mann) in Deutschland und mit je einer Nebenarmee unter Erzherzog Johann (60 000 Mann) in Italien und unter Erzherzog Ferdinand d'Este (30 000 Mann) in Polen geführt werden. Tirol sollte durch eine Kräftegruppe der Armee Erzherzog Johanns besetzt werden und dann einerseits die Verbindung der in Deutschland stehenden Truppen Napoleons mit den italienischen verhindern, andererseits die Verbindung der Hauptarmee Erzherzog Karls mit Erzherzog Johann ermöglichen. Es sollte allerdings anders kommen: Die Niederlagen der Hauptarmee in Deutschland erzwangen deren Rückzug über Böhmen nach Wien, und Erzherzog Johann mußte trotz Erfolgen in Italien zum Schutze Innerösterreichs gleichfalls den Rückzug antreten. In diese rückgängige Bewegung wurde das in Tirol operierende Korps hineingezogen und mußte den strategisch notwendigen Anschluß an die innerösterreichische Armee suchen. In der Tiroler Bevölkerung entstand dann die Meinung, man hätte Tirol seinem Schicksal überlassen.

Doch zurück zum Beginn der militärischen Aktionen: Die unter dem Befehl des Generals Kinkel stehende Besatzung in Tirol bestand zu Beginn des Monats April aus zwei Bataillonen, einer Eskadron und drei Geschützen in Innsbruck, einem halben Bataillon im Raume Hall und Schwaz; ferner waren in Rattenberg und in Wörgl ein halbes und in Sterzing ein halbes Bataillon und ein Geschütz, in Brixen eineinhalb Bataillone, eine Eskadron und drei Geschütze, zusammen 3400 Mann und vier Geschütze. Eine wesentliche Verstärkung der Besatzung war trotz des Drängens von seiten bayerischer Militärs nicht zu erreichen gewesen, doch gestattete Napoleon, daß die Truppen der Generale Bisson und Lemoine bei

---

* Vgl. zum Krieg von 1809 die Hefte 9 und 11 dieser Schriftenreihe.

ihrem Durchzug von Italien nach Augsburg eventuell zur Niederschlagung eines Aufstandes eingesetzt werden dürften.
Von österreichischer Seite wurde zur Besetzung Tirols ein Teil des VIII. Armeekorps unter Feldmarschalleutnant Johann Gabriel Marquis Chasteler de Courcells bestimmt. Das Korps bestand aus der Brigade Generalmajor Fenner, der Brigade Generalmajor Marchal und aus vier Bataillonen Brucker und Judenburger Landwehr unter Oberst Auracher. Das ergab zusammen rund 10 000 Mann, davon 5000 Mann Linientruppen. Hinzu kamen an Linientruppen unter Oberstleutnant Taxis von Salzburg vier Kompanien und eine halbe Eskadron. Chasteler hatte sich bereits als ein Mann von hervorragenden militärischen Eigenschaften ausgewiesen. Er erfreute sich ausgezeichneter Landeskenntnisse und großer Beliebtheit bei der Bevölkerung. Was die Zuneigung des Volkes betrifft, so währte das Glück freilich nicht lange: Zahlreiche Mißverständnisse und insbesondere die Unkenntnis der größeren militärischen Zusammenhänge, denen die Aktionen Chastelers unterworfen sein mußten, ließen die Gefühle des Volkes ins Gegenteil umschlagen.
Der Einmarsch der k. k. Truppen wurde auf den 9. April festgesetzt. Chasteler hatte den Befehl, durch das Pustertal nach Brixen vorzurücken und des weiteren den Brenner zu besetzen, die Verbindung mit der Donauarmee aufrechtzuerhalten und in späterer Folge die Operationen in Italien zu unterstützen. Um 9 Uhr wurde die Kärntner Grenze überschritten, und die Bevölkerung in Lienz bereitete der Vorhut einen jubelnden Empfang. Im Laufe des Tages darauf strömten immer mehr kampfesbegierige Bauern herbei, um beim Vormarsch der k. k. Truppen dabeizusein.
Nach einiger Ratlosigkeit gegenüber diesen ungeordneten Bauernhaufen stellte Chasteler aus ihnen zwei mit Stutzen bewaffnete Kompanien auf, denen Truppenoffiziere beigestellt wurden.

Aufstand in ganz Tirol

In den darauffolgenden Tagen, genauer ab 11. April, überstürzten sich dann die Ereignisse. Überall im Lande brach der Aufstand los, Chastelers Truppen kamen trotz beschleunigten Marsches jeweils dann zu den Schauplätzen der Gefechte, wenn schon alles vorüber war. Freilich darf die moralische Wirkung allein durch das Wissen um die Anwesenheit der Österreicher nicht unterschätzt werden; die Vorgänge an der Ladritscher Brücke zeigen das sehr deutlich. Der in der Nachkriegsliteratur hauptsächlich von Tiroler Geschichtsschreibern immer wieder vorgebrachte Vorwurf, Chasteler sei nur sehr zögernd vorgerückt, wurde durch neueste Forschungen sehr entkräftet (Viktor Schemfil). Marschleistungen pro Tag von 20 km am 9. April, 30 km am 10. und 65 km am 12. sprechen doch klar dagegen.
Jedenfalls hätte er zum Entscheidungskampf um Innsbruck auch beim besten Willen nicht rechtzeitig einlangen können. Fest steht andererseits, daß die erste Befreiung Tirols allein vom bewaffneten Landvolk ohne jede militärische Hilfe des regulären Militärs erreicht wurde.
Worin bestanden nun die einzelnen Aktionen?

Der bayerische Oberleutnant Weller, dem die militärische Führung im Pustertal oblag, zog sich bei Bekanntwerden des Einmarsches der Österreicher in das westliche Pustertal zurück. Um das Nachrücken der feindlichen Truppen zu erschweren, hätte am 10. April die Brücke bei Lorenzen zerstört werden sollen. In einer überraschenden Attacke konnten die herbeistürmenden Bauern dieses Vorhaben vereiteln. 12 Mann und ein Leutnant gerieten in Gefangenschaft, die flüchtende Kompanie wurde bis Mühlbach beschossen.
Der Kommandant der Garnison von Brixen, der auch Weller unterstand, Oberstleutnant Wreden, sah sich durch das Vorrücken der Österreicher und die Vorkommnisse im Pustertal genötigt, nach Norden abzurücken, um sich mit Kinkel in Innsbruck zu vereinen. Ähnlich wie Weller sah auch er sich vor die Aufgabe gestellt, den Vormarsch des Gegners durch den Abbruch einer Brücke aufzuhalten, und zwar der Ladritscher Brücke bei der heutigen Franzensfeste. Und wieder gelang es den Bauern, ihre Aufgabe, Flußübergänge für das einrückende österreichische Heer offenzuhalten, glänzend zu meistern. Die Leute von Rodeneck, Vintl, Mühlbach und aus dem Tale Schalders verteidigten hartnäckig die Brücke. Ein sehr kritischer Augenblick trat ein, als sich die erste französische Kolonne (2500 Mann) der Italienarmee näherte. Sie war auf dem Durchmarsch nach Deutschland. Unter dem Kommando General Bissons hatte man — von Verona kommend — am 9. April Bozen, am 10. Brixen passiert und näherte sich nun am 11. der Abzweigung in das Pustertal. Doch wie der Schrecken der Tiroler war auch die Hoffnung Wredens umsonst. Bisson, froh, daß wenigstens sein eigener Marschweg ziemlich unbehelligt blieb, setzte seinen Weg fort, ohne den Bayern an der Ladritscher Brücke zu Hilfe zu kommen. Diese erfreuliche Überraschung und das Auftauchen einiger von Chasteler in größter Eile vorausgesandter Jäger sowie 20 Reiter ließen die Bauern wieder mit neuer Kraft und Zuversicht auf die Bayern losstürmen. Auch Wreden glaubte das Tiroler Korps schon in unmittelbarer Nähe und setzte sich unverrichteter Dinge in der Nacht auf den 12. April in Richtung Sterzing ab.
Die zweite französische Kolonne unter Lemoine war inzwischen in Brixen angekommen. Auf die ungünstigen Nachrichten hin von den mißglückten Unternehmungen bei der Ladritscher Brücke kehrte Lemoine auf der Stelle wieder um und wandte sich zurück nach Bozen.
Charakteristisch für die Tiroler Aktionen zur ersten Befreiung ist das gleichzeitige Losschlagen im ganzen Land, sowohl in Südtirol, als auch in Nordtirol. Darin liegt ein Gutteil ihres siegreichen Verlaufes begründet.
So ist am 11. April auch Sterzing zum Schauplatz eines Gefechtes geworden. Dort standen zwei bayerische Kompanien unter Major Speicher. Diese gefangenzunehmen und dann sich den vom Pustertal kommenden Österreichern anzuschließen, lautete ein Aufruf Andreas Hofers, der damit zum erstenmal als Kommandant auftrat. Am 10. April rückten seine Passeirer über den Jaufen. Im Morgengrauen des 11. April drangen die mit Stutzen und Knüppeln Bewaffneten in den nördlichen Stadtteil von Sterzing ein. Nach kurzem, erbittertem Straßenkampf entwich Speicher mit seinen 400 Mann gegen Süden und stellte seine Soldaten auf dem dortigen ebenen Feld (beim Sterzinger Moos) im Karree auf. Sein Geschütz feuerte unaufhörlich in Richtung auf die Stadt. Da näherten sich der

feindlichen Kanone drei hochbeladene Heuwagen, auf und hinter ihnen die besten Scharfschützen; an den Deichseln zogen einige todesmutige Mägde. Mit dieser List wurde die Geschützmannschaft ausgeschaltet, und die unter dauerndem Sturmgeläute in Scharen herbeistürmenden Bauern bedrängten immer mehr Speichers Karree. Selbst bereits verwundet, mußte er kapitulieren, nicht ahnend, daß Bissons Truppen schon so nahe waren.

Die Kämpfe um Innsbruck am 11. und 12. April

Wenn auch nicht in jenem hohen Maße wie die späteren Bergiselschlachten, waren die Kämpfe um Innsbruck am 11. und 12. April doch die entscheidenden. In Innsbruck rechnete die bayerische Besatzung mit dem baldigen Eintreffen des französischen Kontingents und wagte daraufhin am 10. April eine Strafexpedition nach Axams, wo man bei der Konskription im März eine so blamable Abfuhr erlitten hatte. Sogleich versammelte der Axamer Dorfwirt Georg Bucher fast hundert Männer um sich und versuchte den bayerischen Soldaten den Zugang zum Dorfe zu verwehren. Nach kurzem Schußwechsel mußte er aber seine Unterlegenheit erkennen und zog sich mit seinen Leuten zurück, um den Rest des Tages und in der Nacht Hilfe herbeizuholen. Er und seine Leute eilten von Ort zu Ort, ins Sellraintal, ins Stubaital, in die Dörfer westlich und östlich von Innsbruck, um Kampfeswillige aufzurufen, sich in den waldigen Höhen zwischen Bergisel und Gallwiese zu versammeln.

Am Morgen des 11. April traf man in Innsbruck die ersten Maßnahmen; ganz offensichtlich unterschätzte man die Gefahr. Vier Kompanien unter Oberst Ditfurth wurden gegen das westliche Mittelgebirge, zwei Kompanien unter Major Zoller im Inntal in Richtung Zirl in Marsch gesetzt. Diese Befehle beweisen, daß man noch immer lediglich in der Axamer Gegend einen Unruheherd vermutete. Als erster mußte Ditfurth erkennen, daß es sich um eine weit gefährlichere Bewegung handelte. Er fand den ganzen Waldrücken vom Bergisel westwärts besetzt, und seine Soldaten wurden auf allen Wegen, die zum Mittelgebirge hinaufführten, mit heftigem Feuer aus dem schützenden Gehölz empfangen. Jeder Versuch, bei der Gallwiese, am Hußlhof oder beim Hohlweg ober Wilten vorzudringen, scheiterte an der zahlenmäßigen Übermacht und an der guten Deckung der Bauern.

Ähnlich erfolglos verlief der 11. April für Major Zoller und seine Kompanien. Andreas Ennemoser, Kooperator zu Inzing, reagierte schnell: Mit 40 Mann riß er die Innbrücke bei Zirl ab, um zu verhindern, daß Zoller vom Westen her Ditfurth zu Hilfe kommen konnte. Sodann verschanzte er sich am Steilhang südlich des Inn. Die bayerischen Kompanien erwiesen sich daraufhin als sehr ungefährliche Gegner. Am linken Innufer stellten sie ihr Geschütz auf, mit dem in regelmäßigen Abständen auf die andere Seite geschossen wurde. Der überwiegende Teil der Soldaten entschied sich jedoch dafür, die Front in die Zirler Gasthäuser zu verlegen.

Ennemoser blieb dagegen nicht untätig. Es gelang ihm, in den Gemeinden flußaufwärts bis Telfs an die 600 Mann zusammenzutrommeln. Gegen Abend rückte er damit gegen Zirl vor. Die Bayern — völlig überrascht und durch ihre Nach-

mittagsbeschäftigung in ihrem ohnehin mäßigen Kampfgeist geschwächt — traten nach kurzem Feuerwechsel den Rückzug nach Innsbruck an. Dieser Erfolg ermunterte die Oberinntaler gewaltig, sie beschlossen beisammen zu bleiben und nach Innsbruck zu ziehen.
Dort waren die Truppen Ditfurths noch keinen Schritt weitergekommen. In der Nacht zum 12. April wurde die totale Umzingelung der Stadt erreicht. General Kinkel hat die Gefahr ganz offensichtlich immer noch unterschätzt. Es muß überraschen, daß er seine Truppen nicht in das Unterinntal abzog, sondern gewillt war, die Stadt zu halten. Diese Taktik fand später in Montgelas' „Denkwürdigkeiten" herbe Kritik: „Unsere in Innsbruck konzentrierten Truppen, welche sich dort auf die ungünstigste Weise in eine Stadt zusammengedrängt fanden, die von allen Seiten von Höhen beherrscht wird, in deren Besitz der Feind gelangt war, hätten vielleicht gerettet werden können, wenn man nach Rattenberg zurückwich und sich dort zu befestigen suchte. Ich kenne die Gründe nicht, welche damals verhinderten, daß dieses später wiederholt mit bestem Erfolg beobachtete Verfahren eingeschlagen wurde. Man schob in jener Zeit die Schuld daran auf die Unschlüssigkeit des Generals und das Ungestüm Ditfuths, eines zwar tapferen, tätigen und begabten Offiziers, welcher aber etwas zur Selbstüberschätzung neigte, auch noch nie in einer so schwierigen Lage sich befunden hatte. Sicher ist, daß auf keine Weise ein verderblicherer Plan hätte befolgt werden können, als wirklich geschah."
So lag in der Nacht zum 12. April angstvolle Erwartung über der Stadt. Der Kranz von Wachtfeuern auf den Höhen rund um Innsbruck verkündete nichts Gutes. Kinkel hatte Dispositionen getroffen: Zollers beide Kompanien hatten die Höttinger Seite, zwei weitere die Wiltener Seite und eine Kompanie die West- und Ostzugänge zu verteidigen. Der Rest der Truppen blieb mit Kinkel im Zentrum der Stadt als Reserve zurück. Doch diese Vorbereitungen waren nicht geeignet, die Einwohner der Stadt zu beruhigen.
Es war kein Geheimnis: Innsbruck, die Beamten- und Universitätsstadt, war ziemlich bayernfreundlich. Viele der bayerischen Neuerungen, die besonders im Landvolk große Erbitterung hervorriefen, hatte die Stadt weniger zu spüren bekommen, ganz abgesehen davon, daß hier eine konservative, allem Neuen mißtrauisch begegnende Mentalität nicht so stark ausgeprägt war. Die Devalvation auf den jeweiligen Augsburger Wechselkurs richtete hier nicht solchen Schaden an, weil die Augsburger Kurszettel hier immer möglichst schnell publiziert wurden. Die Verfügung über die Währung der zurückzuzahlenden Kapitalschulden traf in erster Linie den verschuldeten Bauernstand. Auch der empfindliche Rückgang des Handels berührte Innsbruck kaum, hatte es als Handelsplatz doch nur regionale Bedeutung. Den bayerischen Kirchenkonflikt schließlich bekam die Stadt unter dem nachgiebigen Brixener Bischof wenig zu spüren. Hinzu trat ein auch zu anderen Zeiten bemerkbarer Mangel an Verständnis zwischen Stadt- und Landvolk. Die Anliegen der ländlichen Bevölkerung waren nicht jene eines mit der Aufklärung kokettierenden Bürgertums. So etwas wie den engagierten Kreis um die Giovanellis in Bozen hat es in Innsbruck nicht gegeben. Es ist bezeichnend, daß Andreas Hofer, der eifrigste Aufbieter, in Innsbruck auf eine Werbung, wie er sie sonst zu betreiben pflegte, verzichtete.

So griff die Angst vor dem kommenden Tag um sich. Noch in der Nacht versuchte Appellationsrat Dipauli in privater Initiative einen Weg der Verständigung. Er verfaßte ein Schreiben an die Bauern, in dem er ihnen vorschlug, ihre Beschwerden anzuhören und mit ihnen zu verhandeln. Doch welche Verkennung: Auch falls der Bote noch rechtzeitig abgeschickt worden wäre, wer hätte das Schreiben beantworten können? Es gab kein verantwortliches Oberkommando, kein Hauptquartier, keine organisierten Schützenkompanien, jedoch rund 6000 Mann, die auf die Morgendämmerung warteten.

Sie konzentrierten sich vor allem auf dem nördlichen Mariahilfer-Plateau (hauptsächlich Oberinntaler und Höttinger), auf den Anhöhen zwischen Bergisel und Völs (besonders Axamer und Sellrainer) und ostwärts davon zwischen Sillbrücke und Egerdach.

Etwa um 5 Uhr morgens ging es los. Die Axamer und Sellrainer stürzten sich beim Ziegelofen unter dem Hußlhof auf die dortigen Kompanien. Nach einer Stunde Kampf wichen die Bayern gegen den Innrain zurück. Sofort wurden die langen Reihen Holzstöße der Hirnschen Holzhandlung zu beiden Seiten der Straße von den Angreifern ausgenützt. Ein Teil von diesen überholte in sicherer Deckung die zurückgehenden Soldaten und stellte sie mit einem Kugelregen aus allen Winkeln und Lücken des aufgestapelten Holzes. Nur wenige der Angegriffenen konnten in die Stadt entkommen. Vergebens versuchte Oberstleutnant Sbansky, mit einer Kompanie Hilfe zu bringen. Auch seine Soldaten gingen den Weg in die Gefangenschaft, er selbst kam ums Leben.

Diese Niederlage wirkte auf Kinkel niederschmetternd. Es wurde ihm klar, daß er auf verlorenem Posten stand. Er gab nun den immer dringlicheren Bitten des Stadtrates nach, mit den Bauern in Unterhandlungen zu treten. Eine eilig zusammengestellte Deputation sollte die Aufständischen gegen Gewährung des freien Abzugs für Militär und Beamtenschaft zur Einstellung der Kampfhandlungen bewegen und so die befürchtete Erstürmung und Plünderung der Stadt verhüten. Doch es war zu spät. Längst hatte man auf der Höttinger Seite die Kompanien Zollers, die sich schon in Zirl nicht gerade als Elitetruppen erwiesen hatten, ausgeschaltet. Daraufhin erfolgte der Ansturm gegen die Innbrücke. Diese war jedoch durch ein gut bedientes Geschütz armiert, zugleich richteten sich viele Gewehre aus der Innkaserne, der Ottoburg und dem Schlachthaus auf das gegenüberliegende Ufer. Das Gefecht kam für längere Zeit zum Stillstand. Vor einem von St. Nikolaus her ansprengenden Reitertrupp mußten sich die bäuerlichen Fußkämpfer schleunigst in die nächsten Häuser von Mariahilf und Hötting zurückziehen. Da erschien am Stadtturm die weiße Fahne. Kinkel hatte die Erlaubnis zu Verhandlungen erteilt. Die Zeit, die für die Aufstellung der Verhandlungskommission benötigt wurde, erschien den Bauern aber zu lange. Die kurze Kampfstille benützte der Metzger Klaus von Telfs mit einigen Kameraden, um zu überlegen, wie man die Brücke gewinnen könnte. Da fiel ihm die unter derselben geführte Brunnenleitung ein. Auf dem Boden kriechend gelangte der Trupp zum nördlichen Brückenkopf, krabbelte an den hölzernen Röhren bis zum anderen Brückenende und warf sich dort auf die Geschützmannschaft. Darauf stürmten die Scharen von der Höttinger Seite über die Brücke in die Stadt. Die Stadtkommission, der auch der General selbst unmittelbar folgte, war inzwischen bis zu den Lauben beim Goldenen Adler gekommen. Das Vordringen der Bauern ließ sie eiligst wieder umkehren. Nun gab es nichts mehr zu verhandeln. Unwiderstehlich schoben sich die Haufen vorwärts gegen die Herzog-Friedrich-Straße. General Kinkel, bereits ein alter, gebrechlicher Mann, zog sich in das Gebäude der Hauptwache zurück, an seiner Stelle kommandierte Oberst Ditfurth hoch zu Roß seine Mannschaft. Er formierte in der Neustadt ein fest geschlossenes Karree und vermochte damit die Bauern zunächst zum Stehen zu bringen. Auch gegen die vom Innrain her vordringenden Sellrainer, die vom Spitalsgebäude aus die Bayern hart bedrängten, konnte er sich zunächst noch halten.

Die entscheidende Wendung kam von der Südseite. Dort hatten die Stubaier und die Leute des Innsbrucker Mittelgebirges am Morgen vom Bergisel her den Angriff eröffnet. Zuerst glaubten sie leichtes Spiel zu haben. Sie stürmten ohne nennenswerten Widerstand durch Wilten hinunter bis zum Dorfplatz beim Oberrauch. Dort wurden sie von einer von Osten her einreitenden Dragoner-Schwadron überrascht und hart attackiert. Sie mußten unter Verlusten zum Bergisel zurückweichen.

Die Bayern setzten sich daraufhin im alten Friedhof bei der Wiltener Pfarrkirche fest, wo ihnen die Friedhofsmauer gute Deckung bot. Umso größer war die Überraschung, als sie ihre so vorteilhafte Stellung verließen (das ist wohl nur durch Munitionsmangel zu erklären). Nun konnten die Bauern ungehindert durch die Dorfstraße hinunterziehen. Bald war die Triumphpforte erreicht. Hier stießen sie auf das Karree Ditfurths. Ein größerer Teil der Stürmenden schlug sich seitwärts in die Gärten, besetzte in der Folge die Häuser der Maria-Theresien-Straße und schoß von diesen aus in das Karree hinein. Damit wurde die Situation für die Bayern, die bis dahin unbeweglich standgehalten hatten, höchst kritisch, bildeten sie doch für die Schützen ein sehr bequemes, gar nicht zu verfehlendes Ziel, während sie selbst dem Gegner so gut wie nichts anhaben konnten. Noch ritt Ditfurth, bereits mehrfach verwundet, unter den Seinen umher und rief seine Kommandos. Aber gerade auf ihn zielte man besonders genau, und von weiteren Kugeln getroffen sank er vom Pferd. Nun gab sich die Mannschaft gefangen. Einzelne kleine Abteilungen, die zum Hofgarten abrückten, wurden dort zur Waffenstreckung gezwungen. 120 Dragoner enteilten nach Hall und gerieten dort in die Hände der Mannschaft Speckbachers und Straubs.

Um 10 Uhr vormittags war der Straßenkampf beendet. Die bayerische Garnison war gefangengenommen. Kinkel und einige seiner Offiziere mußten auf der Hauptwache den Bauern ihre Säbel übergeben.

Zu den siegestrunkenen Bauern gesellten sich gar bald ebenso viele Neugierige. Es kam zu häßlichen Ausschreitungen. Etwa in der Plünderung des Uffenheimerischen Geschäftes sah der Pöbel eine Revanche für die Wuchergeschäfte zur Zeit der Währungskrise und für das Ersteigern von Kirchenkleinodien aufgehobener Klöster, was vom gläubigen Volk damals geradezu als Sakrileg empfunden worden war.

Erst mit der Ankunft Martin Teimers — eines der frühesten Aktivisten des Widerstandes — mit seinen Oberinntalern kam etwas Ruhe in die aufgebrachten Massen. In einer geliehenen österreichischen Offiziersuniform konnte er eine Art Oberkommando an sich reißen und im Verein mit den in großer Zahl vorhan-

denen ordnungsliebenden Männern aus der Bauernschaft im Laufe des Nachmittags wieder normale Verhältnisse in der Stadt herstellen.
Doch in der Nacht zum 13. April kam die alarmierende Nachricht, es nähere sich auf der Brennerstraße ein französisches Korps. Es war General Bisson, der in der Zwischenzeit gegen Innsbruck vorgerückt war. Einer der ersten, die sofort Maßnahmen ergriffen, war der Gangerwirt bei der Triumphpforte. Er verbarrikadierte mit Fuhrmannswagen und Brunnenrohren die Triumphpforte, dahinter aber wartete eine schußbereite Mannschaft.
Bisson erfuhr beim Kloster Wilten, was am Tag zuvor in Innsbruck geschehen war. Es war zu überraschend, als daß er den Berichten hätte Glauben schenken können. Eine Besprechung mit dem gefangengehaltenen Kinkel belehrte ihn freilich eines Besseren. Unter dem Eindruck des Gespräches, vor allem aber der großen Massen kampfbereiter Bauern auf den Höhen rund um Innsbruck entschloß er sich zu bedingungsloser Kapitulation. 3500 Mann gingen in Gefangenschaft.
Am selben Tag wie der in Innsbruck schlug auch der Garnison in Hall die Stunde. Josef Speckbacher, „der Mann von Rinn" (nach dem Hof seiner Frau so genannt), hatte am 11. April seine Leute auf den Höhen des Paschberges östlich der Sill aufgestellt. Als es in diesem Abschnitt während des ganzen Tages kaum zu einer Feindberührung gekommen war, suchte Speckbacher ein ergiebigeres Betätigungsfeld. Er beschloß, die Haller Garnison auszuheben. Dazu zog er den größten Teil der Paschberger Besatzung ab und vergrößerte seine Mannschaft durch eifriges Aufbieten. Noch in der Nacht zum 12. April wurde die 80 Mann zählende Besatzung im Kloster Volders überrumpelt, und am Morgen darauf wurde — bei einem Einbruch in die Stadt von allen Seiten — die Haller Garnison zur Kapitulation gezwungen. Eine aus Innsbruck fliehende starke Kavalkade ergab sich am Eingang der Stadt. Auch in Hall hatte die Bürgerschaft nicht Partei ergriffen.
In Bozen überstürzten sich am 11., 12. und 13. April ebenfalls die Ereignisse. Noch am 11. April wurde die alte Merkantilverfassung endgültig aufgehoben und der Magistrat durch einen auf königliche Ernennung zusammengesetzten Stadtrat ersetzt. Am 12. April abends kehrte Lemoine mit 2300 Mann wieder nach Bozen zurück. Nach einer bangen Nacht marschierte er schon am frühen Morgen in Richtung Trient ab, um einen Zusammenstoß mit den auf der Vintschgauer Straße vorrückenden Tirolern zu vermeiden. Bald darauf war die Stadt bereits von den Bauern überflutet.
Am Ende dieser wenigen Tage waren 130 Offiziere und 8200 Mann gefangengenommen worden. Die siegreiche Erhebung fand im Schärdinger Manifest vom 18. April den kaiserlichen Dank. Bemerkenswert darin sind einmal die Hervorhebung eines Vertragsbruches, um das Einschreiten des einen Vertragspartners rechtlich zu sanktionieren, zum andern eine zumindest Unwissenheit verratende Passage von einer ganzen Armee und zum dritten ein kaum berechtigter Optimismus um die Wiedervereinigung mit Österreich:
„Meine lieben und getreuen Tyroler! Unter den Opfern, welche die widrigen Ereignisse im Jahre 1805 Mir abgenöthiget haben, war, wie Ich es laut verkündiget habe, und Ihr es ohnehin schon wißt, jenes, Mich von Euch zu trennen, Meinem

Herzen das empfindlichste, denn stätts habe Ich an Euch gute, biedere, meinem Hause innigst ergebene Kinder, so wie Ihr an Mir einen Euch liebenden, um Euer Wohl wünschenden Vater erkannt.
Durch den Drang der Umstände zu der Trennung bemüssiget, war ich noch in dem letzten Augenblicke bedacht, Euch einen Beweis Meiner Zuneigung und Fürsorge dadurch zu geben, daß Ich die Aufrechthaltung Eurer Verfassung zu einer wesentlichen Bedingniß der Abtrettung machte, und es verursachte Mir ein schmerzliches Gefühl, Euch durch offenbare Verletzungen dieser feyerlich zugesicherten Bedingniß auch noch der Vortheile, die Ich Euch dadurch zuwenden wollte, beraubt zu sehen. Allein bey Meinem entschiedenen Hange, den Mir von der Vorsicht anvertrauten Völkern so lange als möglich die Segnungen des Friedens zu erhalten, konnte Ich damals über Euer Schicksal nur in Meinem Innern trauern. Durch endlose Anmaßungen des Urhebers unserer Trennung neuerdings in die Nothwendigkeit gesetzt, das Schwerdt zu ergreifen, war es Mein erster Gedanke, die Kriegs-Operationen so einzuleiten, daß Ich wieder Euer Vater, Ihr Meine Kinder werdet. Eine Armee war zu Eurer Befreyung in Bewegung gesetzt. Aber ehe sie noch Unsere gemeinschaftlichen Feinde erreichen konnte, um den entscheidenden Schlag auszuführen, habt Ihr tapfere Männer es gethan und Mir so wie der ganzen Welt dadurch den kräftigsten Beweis gegeben, was Ihr zu unternehmen bereit seyd, um wieder ein Theil jener Monarchie zu werden, in welcher Ihr Jahrhunderte hindurch vergnügt und glücklich waret.
Ich bin durchdrungen von Euren Anstrengungen, Ich kenne Euren Werth. Gerne komme Ich also Eueren Wünschen entgegen, Euch stäts unter die besten, getreuesten Bewohner des Oesterreichischen Staates zu zählen, Alles anzuwenden, damit Euch das harte Loos, Meinem Herzen entrissen zu werden nie wieder treffe, wird Mein sorgfältigstes Bestreben seyn. Millionen, die lange Eure Brüder waren, und sich freuen werden, es nun wieder zu seyn, drücken das Siegel auf dieses Bestreben. Ich zähle auf Euch, Ihr könnt auf Mich zählen, und mit göttlichem Beystande soll Oesterreich und Tyrol immer so vereiniget bleiben, wie es eine lange Reihe von Jahren hindurch vereiniget war.

Schärding den 18. April 1809. Franz."

Intermezzo

Unter dem Jubel der Bevölkerung rückte Chasteler am 16. April in Innsbruck ein. Drei Tage vorher hatte sich ähnliches im Unterinntal abgespielt. Oberstleutnant Paul Taxis war mit zwei Kompanien Devaux-Infanterie, zwei Kompanien Salzburger Jäger und einer halben Eskadron O'Reilly-Chevauxlegers von Salzburg her ins Zillertal entsandt worden, um sich im weiteren mit dem Tiroler Korps zu verbinden. Mit großer Freude wurde er in Schwaz empfangen. Unter Jubel und Glockengeläute wurde auch Oberstleutnant Reißenfels mit 900 Mann in Wörgl begrüßt.
Die folgenden Wochen waren zunächst ausgefüllt mit der Ordnung der militärischen und zivilen Verwaltung Tirols und der Sorge um die Sicherung der notwendigen Geld- und Verteidigungsmittel.
Auf Anregung Hormayrs berief Chasteler ständische „Schutzdeputationen", und

zwar eine permanente in Innsbruck, eine Zentraldeputation in Brixen und mehrere Filialdeputationen. Man knüpfte damit an frühere Zustände an, als die Landschaft noch einen wesentlichen Anteil an der Defension genommen hatte, und tat damit so, als ob die alte landständische Verfassung schon wieder hergestellt worden wäre.
Einen üblen Beigeschmack hat der Aufruf Chastelers an die Gerichte Hörtenberg und Petersberg im Oberinntal, an der Seite von Militärtruppen unter dem Freiherrn von Taxis (800 Mann und einige Reiter) Streifzüge nach Bayern zu unternehmen, dort Kontribution einzutreiben und eine Verbindung mit der Armee des Erzherzogs Karl aufzunehmen. Bei diesen Streifzügen kam man bis Benediktbeuern, und eine Minderheit ließ sich beschämende Exzesse zuschulden kommen.
In Tirol wurde die Zusammensetzung des Landsturmes nach den Bestimmungen von 1805 wieder in Kraft gesetzt. Zugleich wurden neue Mannschaften angeworben, denn die mangelnde Bezahlung hatte die Urlaubsfreudigkeit in den Kompanien stark erhöht. Die Werber zögerten nicht, sich manchmal einer bedenklichen Demagogie zu bedienen, wie zum Beispiel Teimer, der — überall mit Böllern und Triumphbögen als Sieger begrüßt — einer entsetzten Menge von beschlagnahmten Papieren zu erzählen pflegte, aus denen die Absicht Bayerns hervorgegangen sei, in allen Orten die Kirchen bis auf eine zu sperren, alle Beichtstühle bis auf einen umzuwerfen, alle Altäre bis auf einen abzutragen, alle Kelche bis auf einen zu konfiszieren. Und allenthalben erlebte er die Genugtuung, mit solchen Reden „die gute Stimmung erhöht" zu haben.
Zur selben Zeit betrieb Hormayr in eigener Verantwortung und im Gegensatz zu maßgeblichen Wiener Regierungskreisen eine gegen jedes Völkerrecht verstoßende brutale Verfolgung bayerischer Beamter. Die Säuberungsaktion, oft behaftet mit einem üblen Anschein des persönlichen Hasses und Neides, rechtfertigte der erst 28jährige Karrieremacher mit der Notwendigkeit der weiteren Verhetzung des Volkes. „Der Landmann darf kaum wieder zu sich selbst kommen, der Moment des Ausnüchterns, des Erwachens aus seiner Exaltation, des ihm von vielen Emissärs unaufhörlich eingeflüsterten Reflektierens über das, was er getan hat, was ihm bevorsteht, ob es besser sei umzukehren oder vorzugehen, für wahr! dieses wäre ein schrecklicher, der guten Sache verderblicher Moment!"
Einer anderen Säuberungsaktion wandte sich Chasteler zu. Es galt, die noch im Lande befindlichen feindlichen Truppen zu vertreiben. Wenig Erfolg hatte er dabei in Kufstein. Er beorderte Oberstleutnant Reißenfels von Wörgl gegen das immer noch von Bayern besetzte Kufstein. Es schlossen sich im Laufe einiger Tage insgesamt zehn Schützenkompanien an. Die Blockade war jedoch vergebens. Wohl mußte der tapfere Major Aicher die Stadt Kufstein am 24. April preisgeben, die Festung blieb aber in seiner Hand.
Mehr Erfolg war Chasteler in Südtirol beschieden. Den Truppen des Vizekönigs Eugène Beauharnais unter General Baraguay war es schon am 15. April gelungen, Trient zu besetzen. Chasteler entschloß sich sofort, gegen diese Truppen vorzugehen. Er überließ das Nordtiroler Kommando General Buol und griff mit den Generalen Fenner und Marchal im Verein mit dem Landsturm von Passeier, des Burggrafenamtes zu beiden Seiten der Etsch, vom untern Vintschgau und des

Fleimstales am 23. April verschiedene Vorposten und Stellungen der Feinde an und konnte bereits am Abend Trient besetzen. Am Tag darauf entspann sich bei Volano ein äußerst hartes Gefecht, das bis zum Abend große Verluste auf beiden Seiten, aber keine Entscheidung brachte. Als Chasteler am darauffolgenden Morgen den Angriff neuerlich beginnen wollte, war der Gegner bereits südwärts abgezogen.

Die zweite Befreiung

Die Wiederbesetzung Tirols und Chastelers Schwierigkeiten

Bald wurden die wenigen Tage der Waffenruhe durch bedrohliche Nachrichten gestört. Die ungünstige Entwicklung auf dem Hauptkriegsschauplatz wirkte wie ein Sog. Die schweren Niederlagen in Süddeutschland zwangen Erzherzog Karl Ende April zum Rückzug über Böhmen gegen Wien; Erzherzog Johann entschloß sich daraufhin zur Sicherung Innerösterreichs zu einem langsamen Rückzug, um dabei die auf der Marschlinie angelegten Verpflegungsvorräte bergen zu können. Er hatte nach zwei Siegen bei Pordenone und Sacile bereits Piave und Brenta überschritten und stand nach einem glücklichen Gefecht bei Caldiero (25. April) knapp davor, den Feind zur Räumung Veronas zu zwingen. Auf eine Beihilfe durch einen Flankenangriff von Tirol her konnte er zu dieser Zeit nicht mehr hoffen, denn Chasteler war bereits in Eilmärschen nach Nordtirol abgezogen. Dieser sah zu Recht in der vormarschierenden Armee Napoleons eine ernste Gefahr an der Nordgrenze des Landes. Er konnte nur ein relativ schwaches Truppenkontingent unter Leiningen in Südtirol zurücklassen, was ihm von der Südtiroler Bevölkerung als arge Vernachlässigung ihres Gebietes verübelt wurde.
Tatsächlich besetzte in den ersten Maitagen die neu formierte Division Rusca die Stadt Trient. Es handelte sich dabei allerdings nur um einen Aufklärungsvorstoß. Die französischen Truppen verließen auch bereits am 6. Mai wieder die Stadt, um sich der Armee des Vizekönigs Eugène anzuschließen. Dieser Aufklärungsvorstoß konnte von den Tirolern freilich nicht als solcher erkannt werden. Landsturm wurde aufgeboten, und im Verein mit Marchal zog man gegen Trient. Zum erstenmal zeigte es sich, daß eine Zusammenarbeit mit den unorganisierten und sich nicht an strenge Zucht und Ordnung haltenden Haufen des Landsturms sehr schwierig sein konnte. Es kam zu schweren Mißstimmungen zwischen den Bauern und dem General. Andreas Hofer widersetzte sich der Aufforderung Marchals, die Landstürmer nach Hause zu schicken, da keine Gefahr mehr bestünde. Eine Südtiroler Abordnung brachte bei Erzherzog Johann Beschwerde vor gegen die militärische Vernachlässigung des Südtiroler Landesteiles und schlug Leiningen zum Anführer von Welschtirol vor; unter ihm sollte der Sandwirt mit den Seinigen frei operieren können. Erzherzog Johann schrieb daraufhin in vermittelndem Sinne an Hofer, er habe Leiningens wegen an Hormayr geschrieben. Dieser war allerdings angesichts der drohenden Feindgefahr bereits im Begriffe, sich an die Schweizer Grenze abzusetzen. Die Geschehnisse der folgenden Tage ermöglichten keine Klärung dieser Frage mehr. Hofer, aber auch Leiningen betrach-

teten sich jedenfalls in der Folgezeit als Oberanführer des Landvolkes beziehungsweise als Kommandant für Südtirol.
Nun begann die von den Militärs befürchtete feindliche Invasion im Osten Nordtirols. Napoleon war unaufhaltsam im Donautal vorgedrungen. Noch vor der großen Entscheidungsschlacht wollte er die lästige Sache in seinem Rücken bereinigen. Er bestimmte für die neuerliche Besetzung Tirols seinen Marschall Lefebvre, der mit dem VII. Armeekorps seit dem 24. April in Salzburg stand. Davon hatte die 1. bayerische Division Kronprinz den Einfall der Truppen zu decken, die 3. Division hatte über Traunstein und Kufstein vorzumarschieren und die 2. unter General Wrede über Reichenhall durch das Saalachtal über den Paß Strub. Der österreichische Grenzschutz unter General Fenner und die diesem angeschlossenen tapfer kämpfenden Tiroler Schützenkompanien wurden zurückgedrängt. Auch die verzweifelten Kämpfe des Landsturms unter Wintersteller und Oppacher am Strubpaß waren vergebens. Schon wälzten sich die feindlichen Massen gegen die Ebene von Wörgl. Chasteler eilte mit 3000 Mann aus Innsbruck herbei, um den Gegner möglichst weit im Osten des Landes zu stellen. Er erlitt am 13. Mai gegen die große Übermacht eine schwere Niederlage. Seine Erwartungen, die er in den Landsturm setzte, erfüllten sich leider nicht. Er mußte feststellen, „daß sich statt Tausenden nur Hunderte einfanden".
Chasteler wich nach dieser Niederlage gegen Innsbruck zurück. Der Weg dorthin gestaltete sich für ihn fast zu einem Spießrutenlaufen. Die Nachricht vom verlorenen Gefecht bei Wörgl hatte in den Dörfern östlich von Innsbruck Tausende von Menschen alarmiert. Allein in Volders rotteten sich 8000 Landstürmer zusammen. Vergebens versuchte Chasteler den zum Teil alkoholisierten Landsturm zur Verteidigung zu organisieren. Es war bereits zu Tätlichkeiten gegen den Kommandierenden gekommen, als er sich verbittert in Begleitung einer Innsbrucker Studentenkompanie nach Steinach am Brenner zurückzog.
Auf tirolischer Seite war man auch empört über das Ausbleiben der etwa 8000 Mann starke Division des Feldmarschalls Jellačič. Doch diese ursprünglich zur Deckung der linken Flanke der Hauptarmee in Deutschland und zur Verbindung zwischen dieser und dem Tiroler Korps bestimmte Division war nach dem Rückzug der Hauptarmee schon am 29. April zur Räumung Salzburgs gezwungen worden und hatte nun die Zugänge nach Innerösterreich abzuriegeln. Die dringende Bitte Hormayrs an Erzherzog Johann um Mitwirkung der Division Jellačič wurde von diesem am 14. Mai mit der Begründung abgelehnt, Jellačič sei mit Marschall Lefebvre genügend beschäftigt. Doch der Erzherzog mußte aus dem gleichen Schreiben Hormayrs wissen, daß Lefebvre bereits einmarschiert war. In dem Auftrag des Armeekommandanten vom 17. Mai an Jellačič, sofort in Richtung Graz abzumarschieren, ist der endgültige Beweis zu erblicken, daß von des Erzherzogs Seite die Preisgabe des Landes bereits beschlossen war.
Inzwischen war General Wrede brennend und plündernd weiter vorgedrungen. Bei Rattenberg schloß sich ihm die von Kufstein kommende Division Deroy an. Der erbitterte Widerstand des Landsturms bei der Zillermündung und vor Schwaz war vergebens. Am 15. und 16. Mai ging Schwaz in einem Flammenmeer unter. Nach einem 36stündigen Waffenstillstand, den Marschall Lefebvre bei Volders angeboten hatte, konnte er am 19. Mai kampflos Innsbruck betreten.

Die Situation bei der innerösterreichischen Armee in Oberitalien hatte sich in diesen Tagen wesentlich verschlechtert. Erzherzog Johanns Befehlsgebung kennzeichnen denn auch zusehends größere Nervosität und Unsicherheit. Dies mußte sich auch auf das Tiroler Korps ungünstig auswirken. So erfolgten auf Grund divergierender oder ganz unbestimmt gehaltener Anordnungen des Armeekommandos einerseits und falscher Informationen andererseits zahlreiche einander widersprechende Befehle seitens Chastelers, die ein unnützes Hin- und Hermarschieren, etwa der Gruppe Buol im Raume Volders—Brenner, bewirkten und bei der Bevölkerung den Eindruck der Unentschlossenheit, ja völliger Kopflosigkeit des Kommandanten des Tiroler Korps erwecken mußten.

Auf ein am 14. Mai in Tarvis abgefertigtes und am 16. in Empfang genommenes, bereits beunruhigendes Schreiben des Erzherzogs hin beschloß Chasteler endgültig, die Truppen auf dem Brenner zusammenzuziehen. Buol sah sich zu einem geheimen Abmarsch in der Nacht vom 16. zum 17. Mai über Ellbögen in Richtung Brenner gezwungen. Von der erregten Menge des Landsturms wäre sehr zu befürchten gewesen, daß sie einen Abmarsch der Soldaten mit Gewalt verhindert hätte.

Am 18. Mai empfing Chasteler in Sterzing ein weiteres Schreiben des Erzherzogs: Die Lage habe sich zusehends verschlechtert, Tarvis werde bald aufgegeben werden müssen. Chasteler möge Tirol so lang als möglich halten, dann aber seine Truppen zusammenziehen und mit geballter Kraft aus dem Lande ausbrechen und sich der innerösterreichischen Armee anschließen. Eine Abteilung sei jedoch den Tirolern zurückzulassen, falls diese die Gegenwehr auch unter diesen Umständen fortsetzen wollten. Er selber könne für Tirol nichts mehr tun. Der Mangel jeglicher klaren Befehlsgebung wird im Schlußsatz erschreckend offenkundig: „Ich überlasse es Ihrer Einsicht, ob es nicht vorteilhafter wäre, so schleunigst als möglich mit den gesamten Truppen sich an mich anzuschließen ... Überhaupt überlasse ich die Ergreifung dieses Entschlusses Ihrer Einsicht."

Einen Tag später steigerte sich in einer immer aussichtsloseren Lage die Nervosität des Armeekommandanten bis zur völligen Ratlosigkeit: „Tirol müssen Sie als eine selbständige Festung so lange als möglich verteidigen, im schlimmsten Falle ihre Streitkräfte zusammennehmen und sich irgendwo Luft zu machen versuchen. Nichts kann ich Ihnen vorschreiben, ich muß alles Ihrer Beurteilung überlassen, sowie ich Ihnen vollkommene Vollmacht über alle zu geschehenhabenden Veranlassungen übertrage. Sollten günstige Umstände eintreten, so soll es meine erste Sorge sein, Ihnen zu Hilfe zu eilen."

Zur selben Zeit hatte Hofer auf die unheilvollen Nachrichten vom Vormarsch der Bayern im Unterinntal und auf die Gerüchte um einen bevorstehenden Abzug der k. k. Truppen hin den Landsturm von Passeier aufgerufen, sich in Sterzing zu sammeln. Am 20. Mai konnte er Chasteler in dessen schon nach Bruneck zurückverlegten Hauptquartier zum Verbleiben überreden. Doch die Freude darüber sollte von sehr kurzer Dauer sein. Schon am Tag darauf besann sich Chasteler wieder eines anderen; aus dem Cadorinischen war ein feindliches Korps gemeldet worden, und aus Vomp hatte Major Veyder das Schreiben Chastelers an Wrede ungeöffnet zurückgebracht und vom Tagesbefehl Napoleons mit der Achterklärung berichtet. („Ein gewisser Chasteler, angeblich General in österrei-

chischen Diensten, ist im Betretungsfalle als Räuberanführer, als Urheber der an den gefangenen Franzosen und Bayern verübten Mordtaten und als Anstifter des Tiroler Aufstandes in die Acht erklärt, vor ein Kriegsgericht zu stellen und binnen 24 Stunden zu erschießen.")
Nun reifte in Chasteler sehr schnell der Entschluß, mit seinem Korps Tirol zu verlassen. Nach einigen Divergenzen mit seinen Offizieren und einer spektakulären Niederlegung und Wiederaufnahme des Kommandos kam der endgültige Befehl, alle in Tirol befindlichen Truppen in Lienz zu sammeln und von dort bei günstiger Gelegenheit aus dem Lande abzumarschieren.
Auch an Buol erging die Weisung, den Brenner zu verlassen und seine Truppen nach Lienz zu führen. Dieser Befehl hat aber Buol nie erreicht, denn er wurde vom bewaffneten Landvolk abgefangen. So kam es, daß bei den Bergiseltreffen im Mai k. k. Truppen — eher ungewollt als gewollt — Anteil nahmen, der trotz ihrer geringen Zahl ein durchaus ehrenhafter war.
Eines unbedeutenderen Anteils ist an dieser Stelle zu gedenken, und zwar jenes des Freiherrn von Hormayr, laut Besitzergreifungspatent Erzherzog Johanns vom 8. April in Vertretung des Hauptes der künftigen provisorischen Regierung, des abwesenden Generalintendanten Peter Graf Goess, zum kaiserlichen Intendanten auserkoren. Zunächst konnte selbst der unaufhaltsame Vormarsch Lefebvres durch das Unterinntal seine lebhafte Phantasie nicht schwächen: Er, Hormayr, und Chasteler würden mit 30 000 Tirolern in Bayern einfallen, Schwaben und die Schweiz in Aufruhr setzen und damit dem Krieg eine Wendung geben, die auch das Ende Napoleons sein werde. Etwa um den 15. Mai kam die Wende. Nach drei von völliger Mutlosigkeit diktierten Briefen an den Erzherzog machte sich Hormayr in Innsbruck fluchtbereit, verbrannte in seinem Besitz befindliche „bedenkliche und kompromittierende" Papiere und ließ sich von General Marchal einen Paß als Kurier zum österreichischen Gesandten in der Schweiz ausstellen. Am 19. Mai nahm er an einer Besprechung mit Chasteler und Hofer in Mühlbach teil. Am 22. Mai befand er sich bereits in Mals, nahe der Schweizer Grenze, und anschließend in Nauders, noch näher der Schweizer Grenze, wo er bis Ende Mai verblieb — einer angeblichen Halsentzündung zum Opfer gefallen.
Großer Aktivität befleißigte sich Major Teimer. Zunächst wurden die Ausfälle nach Bayern fortgeführt. Mit 800 Mann rückte er nach Schongau, Oberdorf, Kaufbeuren und Kempten vor. Am 13. Mai kam er in Memmingen an. Das Gerücht, die Franzosen kämen, bewog diese eher fragwürdige Expedition zu einer spontanen Heimreise. In Vomp fungierte Teimer als Unterhändler mit dem bayerischen General Wrede. Dieser forderte die Auflösung des Volksheeres und räumte den um Volders lagernden, in größter Erregung und Angriffslust stehenden Bauernmassen einen 36stündigen Waffenstillstand ein. Doch Teimer wollte diese Zeit nicht zum Auseinandergehen genützt wissen, sondern um neue Landstürmer aufzubieten. Vergebens suchte er den Oberstkommandierenden Chasteler, den er erst in Mittewald antraf, zur Umkehr zu bewegen.
Inzwischen wurden von der Schutzdeputation in Innsbruck Schritte zur Kapitulation unternommen. Nach dem Abzug der k. k. Truppen mußten die empörten Landsturmmassen schließlich doch die momentane Aussichtslosigkeit einsehen, und allmählich zerstreuten sie sich.

Nach den erfolglosen Gefechten am 25. Mai übernahm Teimer die Aufgabe, die Oberinntaler aufzubieten. Doch wie anders als in den Tagen nach den siegreichen Aprilkämpfen wurde er empfangen: Das Militär habe Tirol schmählich im Stich gelassen, von niemandem sei Hilfe zu erwarten, es sei alles aussichtslos und jedes Opfer umsonst — so erwiderte man ihm allenthalben. In Imst schlug ihm eine geradezu feindselige Stimmung entgegen. Schon auf dem Weg ins Außerfern, wo er günstigere Stimmung erwartete, erlebte er plötzlich die undefinierbare und rational nicht erklärbare Ausstrahlung Andreas Hofers: Er begegnete den Boten des Sandwirts mit dessen berühmten Laufzetteln, jenem primitiven Propagandamittel mit der schier unheimlichen Wirkung. „Liebe Brüder Oberinntaler! Für Gott, den Kaiser und das teure Vaterland! Morgen in der Früh ist der letzte Angriff. Wir wollen die Bayern mit Hilfe der göttlichen Mutter fangen oder erschlagen und haben uns zum liebsten Herzen Jesu verlobt. Kommt uns zu Hilf, wollt ihr aber gescheiter sein als die göttliche Vorsehung, so werden wir es auch ohne euch richten! Andreas Hofer, Oberkommandant." Teimer nützte die Wirkung, die solche Aufrufe hervorriefen. Er berichtete von Siegen der Hauptarmee und den Kämpfen vom 25. Mai. Da schlug die Stimmung um. Im ganzen Oberinntal sammelten sich Schützenkompanien.

Hofer selbst hielt zunächst in Sterzing Kriegsrat. Gleichzeitig wurden auch am Brenner die zu ergreifenden Maßnahmen besprochen.

Die Kämpfe am 25. Mai*

Am 22. Mai verließen Lefebvre und Wrede unter klingendem Spiel das scheinbar befriedete Land. Aus dem französischen Hauptquartier zu Schönbrunn war die Ordre eingetroffen, der Marschall solle mit der Division Wrede und der bei Salzburg aufgestellten Division Kronprinz von dort aus gegen Radstadt vorgehen und dann gegen Leoben marschieren. In der zurückgebliebenen Division Deroy dachte Napoleon eine genügend starke Besatzungstruppe im Lande zu haben.

Hofer erschien nun selbst am Brenner, um Buol zu einer Mitwirkung beim Angriff auf den Feind im Inntal zu überreden. Buol war einer gemeinsamen Tätigkeit mit dem Landvolk äußerst abgeneigt. Er erinnerte sich der Disziplinlosigkeiten des Landsturms bei Volders, der Bedrohungen von Militärkommandanten, des Versagens der Landstürmer bei Wörgl. Er bedachte die Schwäche seiner Infanterie und die Unsicherheit des Eingreifens der Oberinntaler. Mit ungutem Gefühl gab er aber zuletzt dem Drängen Hofers und seiner Leute nach. Er stellte für „eine strenge Rekognoszierung" — Aufklärung über Stärke und Aufstellung des Feindes — zwei Gruppen zur Verfügung. Unter Oberstleutnant Ertel sollten ein Bataillon Lusignan mit 640 Mann, eine Kompanie Salzburger Jäger mit 80 Mann, 40 Reitern (mit drei Geschützen) das Gebiet westlich der Sill und unter Oberstleutnant Reißenfels 400 Mann vom 3. Bataillon Devaux, eine Kompanie Salzburger Jäger mit 60 Mann, 20 Reitern (mit zwei Geschützen) östlich der Sill das Gelände rekognoszieren. Die Entscheidungen über die sich jeweils ergebenden

---

* Vgl. dazu die Skizze im Anhang III.

Operationen blieben den Gruppenkommandanten überlassen. Buol selbst blieb mit sechs Kompanien aus Resten vom 2. und 3. Bataillon Lusignan, zwei Kompanien Feldjäger 9, 20 Reitern und zwei Geschützen als Reserve in den Brennerschanzen zurück.

In diesen letzten Tagen vor dem Kampf war Andreas Hofer wie von selbst zum anerkannten Oberkommandanten des gesamten Bauernheeres geworden. Überall wurde der Landsturm aufgeboten, durch Josef Eisenstecken, Badlwirt von Gries bei Bozen, im Eisack- und Etschtal, durch Josef Speckbacher im Unterinntal, und im Oberinntal war Martin Teimer bemüht.

Der Tag des Angriffs wurde auf den 25. Mai festgelegt. Schauplatz sollte der Bergisel sein, nach der damaligen Bezeichnung der Höhenzug westlich der Sill bis zum Geroldsbach.

Deroys Aufklärungstrupps und seine Pikette auf allen Zugängen und Straßen vom Inntal ins Mittelgebirge brachten in den Tagen vor dem 25. alarmierende Nachrichten. Eine 80 Reiter starke Abteilung berichtete von Schanzarbeiten der österreichischen Truppen auf dem Brenner, am 22. wurde eine Eskadron südlich von Steinach von österreichischen Jägern attackiert, am 23. wurden Stubaier Schützen am Schönberg gemeldet. Auf diese und andere Alarmzeichen hin setzte Deroy seine Truppen (3853 Mann Infanterie, 408 Reiter, zwölf Geschütze mit Mannschaft, insgesamt sechseinhalb Bataillone, vier Eskadronen, zwei Batterien) in Alarmbereitschaft. Für den 25. Mai gab er zwei starken Aufklärungsabteilungen die Ordre, zu beiden Seiten der Sill vorzugehen, sich in Matrei zu vereinigen und dort eine Meldestelle einzurichten. Westlich des Flusses auf der Brennerstraße über Bergisel und Schönberg sollte Major Scherer mit zwei Kompanien vorgehen; ostwärts der Sill über Amras, Lans und Ellbögen Oberleutnant Oberkam mit einer Kompanie und einem Geschütz. Schon in den ersten Nachmittagsstunden trafen sie auf die heranrückenden Tiroler.

Noch vor der Morgendämmerung waren diese aufgebrochen, um sich in Matrei zu sammeln. Was Hofer hier heranführte, waren zum großen Teil echte Elitetruppen. Im Gegensatz zu den Aprilgefechten handelte es sich nun im wesentlichen um organisierte Schützenkompanien. Primitiv ausgerüstete Landstürmer etwa waren selten zu sehen. 48 Kompanien rückten aus Südtirol an, und zwar aus den Gerichten Passeier drei, Lana vier, Meran neun, Ritten eine, Jenesien und Karneid fünf, Sarnthein eine, Kastelruth fünf, Klausen zehn, Schlanders sechs, Sterzing eine, Mühlbach eine, Bruneck zwei, in einer Gesamtstärke von etwa 5000 Mann, dazu kamen 14 Kompanien aus Nordtirol mit rund 1400 Mann.

Nach der Sammlung in Matrei formierte Hofer den linken und den rechten, über die Ellbögener Straße vorgehenden Flügel. Für letzteren bestimmte er nur vier Kompanien, die Villanderer unter Hauptmann Gasteiger, die Rodenecker unter Ignaz von Preu, die Sarntaler unter Zöggeler und die Michelsburger unter Oberrauch. Beträchtliche Verstärkung für diesen Flügel erwartete Hofer von Speckbacher. Die vier Kompanien wurden von k. k. Truppen unter Reißenfels begleitet.

Hofers Operationsplan war im übrigen denkbar einfach, seine Devise leicht verständlich: Man solle auf die Bayern losschlagen, wo man sie treffe, und sie über den Berg hinunterwerfen. Gutes taktisches Gespür verrät aber sein weiterer Be-

fehl: Nur nicht herauflassen! Das Hinunterstürmen hilft nichts: Wir müssen den Berg halten, der ist unser Verlaß!
Speckbacher hatte in der vorhergegangenen Nacht zwei Schützenkompanien von Wilten und den Gemeinden des Gerichtes Sonnenburg und Landstürmer von Rettenberg bis Ampaß aufgeboten, insgesamt etwas weniger als tausend Mann. Ein Teil davon blieb zur Bewachung der Brücken bei Volders und Hall zurück. Hier bestand nämlich die Gefahr, daß die Bayern den Inn überschritten und durch einen Vorstoß über Judenstein—Rinn oder Ampaß—Aldrans die Tiroler Frontlinien von deren rechten Flügel her aufrollten. Die übrigen sammelten sich schon zeitig am Morgen um Judenstein. Ungeduldig warteten sie auf Hofers rechten Flügel. Als dieser gegen Mittag noch immer nicht in Sicht gekommen war, trieb sie die Ungeduld durch die Wälder am Fuße des Patscherkofels über Sistrans gegen Patsch. Hier stießen sie auf Gruppen Oberkamps, die gegen Matrei aufgebrochen waren. Sofort eröffneten Speckbachers Leute aus dem Wald heraus das Feuer. Die Bayern verließen die Straße und suchten im Paschberg Deckung. Nach deren Verstärkung zogen sich die Verfolger wieder zurück. Da tauchten endlich die ersten von Matrei kommenden Truppen auf, es waren die Villanderer unter Gasteiger. Dieser erfaßte sofort die Situation und ließ seine Leute, denen sich die Bauern Speckbachers anschlossen, unter lautem Geschrei anstürmen. Die erschreckten Bayern zogen sich daraufhin bis zum Ambraser Schloß zurück. Dort konnten sie sich den Rest des Tages halten. Umsonst versuchten die Tiroler und mit ihnen Hauptmann Welling, mit einer Kompanie aus der Gruppe Reißenfels (dieser war mit seiner Mannschaft in Lans stehengeblieben) über die Feldterrassen südlich des Schlosses herunterstürmend die Bayern aus ihrer Stellung zu treiben. Aber auch diese mußten jeden Versuch, diese Höhen zu erreichen, aufgeben. In der Absicht, sich von Westen dem Zentrum zu nähern, stieß Gasteiger auf eine weitere bayerische Abteilung, die in die Wiltener Felder zurückwich. Dies alles spielte sich unter dem Geschützdonner einer auf den Amraser Feldern aufgefahrenen bayerischen Kanone und der österreichischen Kanone Wellings ab.
Ähnlich unentschieden gestalteten sich die Kämpfe im Zentrum und am linken Flügel. Im Schupfenwirtshaus* seines Freundes Etschmann, rund 5 Kilometer von Innsbruck-Wilten entfernt, hatte Hofer sein Hauptquartier aufgeschlagen. 15 Kompanien, Burggräfler, Vintschgauer, Latzfonser unter Haspinger und Stubaier, wurden auf die Höhen von Mutters und Natters beordert. An k. k. Truppen waren an diesem linken Flügel nur 80 Jäger mit Hauptmann Ammann beteiligt. Aus Axams und Kematen erwartete man den Landsturm unter Georg Bucher.
Im Zentrum bekam Hofers Vorhut beim nachmittägigen Anmarsch am Gärberbach Feindberührung. Eine bayerische Infanterieabteilung mit Dragonern unter Oberleutnant Fabris drängte die Schützen bis zum Gasthof Schupfen zurück. Trotz der nachstoßenden Verstärkung unter Major Scherer mußten die Bayern vor dem hier versammelten Gros der Schützenkompanien mit den k. k. Truppen unter dem aktionsfreudigen Oberstleutnant Ertel und vor den Flankenangriffen

* Vgl. dazu das Foto im Anhang V.

des stets in engem Kontakt mit dem Zentrum operierenden linken Flügels bis zu den Höhen um das Bergiselplateau zurückweichen. Das Zentrum rückte zunächst bis zum Sonnenburgerhügel nach.
Auf den Natterer Höhen entwickelte sich unter dem Befehl Haspingers lebhaftes Geplänkel. Es galt, die dortigen feindlichen Vorposten zu nehmen; diese konnten sich jedoch die verstreuten Höfe und Hütten im nordseitigen Wald zunutze machen. Weitere, von Deroy hinaufgeschickte frische Kräfte erforderten Verstärkung aus dem Zentrum. Erst der von Bucher vom Westen herangeführte Landsturm brachte eine Wendung. Vor der Übermacht der Tiroler räumten die Bayern den ganzen Waldrücken und setzten sich am Fuße der Höhen fest, so zum Beispiel beim Hußlhof und bei der Gallwiese.
Auch im Zentrum mußten die Bayern vor den bereits die Abhänge des Bergisels hinunterdrängenden Tirolern zurückweichen, konnten sich aber am Fuße des Hohlweges, der zum Plattele führte, in den dortigen Häusern verschanzen, so im Sarnthein- (Ferrari-) Hof, im Reselehof und in der Linsingburg.
Deroy ließ unter Deckung durch lebhaftes Geschützfeuer von den Wiltener Feldern her auch an diesem Abschnitt frische Kräfte gegen die Höhen anrennen: Hier gegen den Bergisel richtete er den Hauptstoß. Zweimal wurden die mit großer Tapferkeit bergauf Stürmenden im Hohlweg und auf der westlich anschließenden Wiese zurückgeworfen.
Gegen 19 Uhr beendete starker Regen überall die Gefechte, denn das Naßwerden des Pulvers in der Pfanne machte die Gewehre untauglich.
Die Angaben über die Verluste vom 25. Mai schwanken und sind — wie auch bei den späteren Kämpfen — mit aller Vorsicht zu betrachten: Bayern zwischen 20 und 70 Tote und zwischen 100 und über 150 Verwundete, Tiroler und Österreicher rund 50 Tote und über 30 Verwundete.
Die Tiroler waren über den Ausgang dieses Treffens sehr enttäuscht. Sie verließen noch in der Nacht darauf alle erkämpften Positionen und zogen sich in ihre Ausgangsstellung des Vormittags zurück. Manche Landsturmleute, ja ganze Kompanien gingen nach Hause. Groß war die Enttäuschung über das Ausbleiben der Oberinntaler.
Zuversichtlich war hingegen Deroy. Er ließ nach Abrücken der Tiroler und der Österreicher seine früheren Vorposten auf den Höhen wieder verstärkt besetzen. Er wußte durch die Jäger Arcos die Verbindung nach Scharnitz offen. Noch am 28. trafen 1200 Mann mit sechs Geschützen zur Verstärkung ein.

Die Kämpfe am 29. Mai

Auf Tiroler Seite hatte man bald die erste Hoffnungslosigkeit überwunden. Schon kehrten Landsturmleute und Schützen, die am Tag zuvor heimgegangen waren, wieder zu Hofer zurück. Nach eingehenden Beratungen, auch mit Buol, Ertel und Reißenfels, setzte man den neuerlichen Angriff auf den 29. Mai fest und verlobte sich zum Herzen Jesu.
Wieder riefen Hofers Laufzettel alle Kampfeswilligen zur Hilfe auf. Insbesondere in das Oberinntal ergingen, wie bereits berichtet, Aufforderungen von rührender und zugleich zwingender Wortgewalt. Die taktischen Pläne entspra-

chen ganz jenen des 25. Mai, nur daß jetzt dank der Werbung besonders Hofers und Speckbachers mehr als doppelt so viele Tiroler in den Kampf gingen: 61 Südtiroler und 35 Nordtiroler Kompanien mit rund 13 620 Mann; von den k. k. Truppen beteiligten sich 1270 Mann Infanterie, 87 Reiter und sechs Geschütze mit Bedienungsmannschaft.

Mit großer Zuversicht rückte man vor. Immerhin hatte man erfahren, daß der Kaiser bei Wien eine Schlacht gewonnen habe, und Hofers Laufzettel eilten von Kompanie zu Kompanie mit den hoffnungsvollen Worten, nun würden die Leute treues Militär bekommen und nicht mehr allzeit die Angeführten sein wie bis dahin!

Im Zentrum bildete Hauptmann Ammann mit 180 Jägern und mehreren Chevauxlegers die Vorhut. Dann kamen Eisenstecken mit den Stubaiern, der Landsturm von Kastelruth und Kompanien von Schenna. In der Mitte stand Ertel mit 640 Mann, einer halben Eskadron und vier Geschützen. Ertel hatte einen umfangreichen und detaillierten Marschbefehl für seine Gruppe ausgearbeitet; dessen auffallendstes Merkmal bestand darin, daß der Mitwirkung der Bauernstreitkräfte kaum Erwähnung getan wurde. Andererseits zeugt seine Direktive an die Abteilungskommandanten, ja das Zutrauen der Tiroler zu gewinnen, von einem immer noch bestehenden Mißtrauen gegenüber dem Militär.

Um diesen Kern gruppierten sich die Schützenkompanien von Marling (Georg Waldner), Tscherms (Josef von Sagburg), Meran (Josef Schweiggl), Mais (Josef von Lichtenthurn), Tirol (Jakob Flarer), Partschins (Thomas Klotz), Vöran (Josef Kreiterer und Joachim Reiterer), Riffian (Anton Zipperle), Schlanders (Josef Spiller), Kastelbell (Jakob Wellenzohn), Schnals (Alois Sauter), Morter (Simon Freiseisen), Naturns (Johann Ladurner), Tschars, Jenesien (Johann Wiederhofer), Karneid (Josef Vieider), Tiers (Sturmkompanie, Johann Rubatscher), Terlan (Ulrich Ramoser), Ritten (Johann Zagler), Völs am Schlern (Michael Rott), Kastelruth (Josef Ploner), Velthurns (Johann Kerschbaumer), Pfeffersberg (Peter Mayr), Schabs (Peter Kemenater), Mauls (Georg Hatzl), Trens (Anton Zigau), Sterzing (Sparber), Steinach (Karl Natter, Mathias Semrad, Martin Platzer, Johann Mösl) und Passeier (Josef Ennemoser).

Der linke Flügel für das Gefechtsfeld von Natters bis zur Gallwiese setzte sich zusammen aus den Kompanien von Latzfons (P. Joachim Haspinger), Algund (Peter Thalguter, Johann Ladurner), Meran (Felix von Gasteiger), Mais (Blasius Trogmann), Mutters (Josef Mayr), Natters (Franz Wieser), Glurns (Josef Höß), Schalders, Axams (Jakob Zimmermann, Josef Unterleitner), Völs (Josef Nagele), Götzens (Josef Hörtnagl) und Flaurling (Thaddäus Kuen und Josef Matzgeller). Der rechte Flügel vom 25. Mai wurde verstärkt durch Kompanien von St. Lorenzen (Oberrauch), Michelsburg (Johann Hofer), Taufers (Johann Mader), Klausen (Josef Kelz), Villanders (Josef Gasser), Villnöß (Peter Aichholzer), Lüsen (Franz Kleber), Gufidaun (Ignaz Thuille), Lajen (Josef Überbacher), Lajener Ried (Josef Erlacher), Terlan (Josef Karneider), Gröden (Franz Pineider) und Wilten und Hötting (Josef Schlumpf). Speckbacher und Straub war es gelungen, aus den Gerichten Sonnenburg, Hall und Schwaz starke Mannschaften aufzubieten, so die Kompanien Patsch (Georg Liensberger), Rinn (Müller), Tulfes (Paul Hiebler), Ampaß, Amras (Ignaz Fuchs), Absam, Thaur, Wattens (Sturmkompanie, Baltha-

sar Wopfner), Volders (Andreas Angerer) und Kolsaß (Franz Prem). Hinzu kam beim linken Flügel wieder die Truppe Reißenfels.
Die bayerische Stärke betrug rund 5240 Mann und 18 Geschütze mit Bedienungsmannschaften. Das Gros der Truppen lag in den Feldern südlich der Stadt, Vortruppen standen vom Bergisel bis zur Sonnenburger Ruine, im Westen über Gallwiese auf die Natterer Höhen und im Osten ober Amras und am Paschberg.
Wie vier Tage zuvor stieß auch jetzt wieder der rechte Flügel zuerst auf den Feind. Die Flußübergänge bei Volders und Hall konnten abermals wegen eines Flankenangriffes von entscheidender Bedeutung werden. Es galt deshalb, sie in die Hand zu bekommen. Speckbacher und Straub gelang es zunächst, die Feldwache an der Volderer Brücke auf das jenseitige Ufer zu verjagen und die Brücke abzureißen. Schnell wurden Schanzen aufgeworfen, hinter denen Straub und Angerer mit ihren Leuten Stellung bezogen, um die Bayern an einer etwaigen Überschreitung des Flußes zu hindern. So weit die Aktionen dieses östlichsten Teiles des rechten Flügels.
Weiter westlich gerieten bald Pustertaler Schützen in heftigen Feuerwechsel mit der feindlichen Deckung der Haller Brücke (Oberstleutnant von Waldschmidt mit zwei Kompanien und zwei Geschützen). Speckbacher, nach der erfolgreichen Aktion an der Volderer Brücke herbeigeeilt, führte in kühnen Anläufen seine Leute immer wieder gegen die in den rechtsseitigen Häusern verschanzten Bayern. Endlich wichen diese zum nördlichen Ufer zurück und trugen selbst die Brücke ab. Die Gefechte dauerten hier bis zum Abend.
Weiter gegen Westen stand bei den Aldranser Feldern Hauptmann Welling mit zwei Kompanien und Eisacktaler Schützen und Stürmern. Seiner Aufgabe, das Schloß Ambras zu besetzen, konnte er umso leichter nachkommen, als die Bayern diesem Abschnitt offensichtlich keine Bedeutung beimaßen und das Schloß ohne Bemannung ließen. Eine gegen den Paschberg zu marschierende bayerische Abteilung, die für Gasteiger hätte gefährlich werden können, lenkte Welling ab, indem er von den Tirolern das Dorf Amras besetzen ließ. Die Bayern wandten sich nun gegen Amras und trieben die Bauern in den Schloßpark zurück. Nun kam Gasteiger, nachdem ihm die Stellung an der Sillbrücke gesichert erschien, herbei und vertrieb im Verein mit Welling die Bayern wieder aus dem Dorf.
Der westlichste Teil des rechten Flügels mit Gasteiger, Wolfgang Natterer und Alois Stufer rückte zunächst wie am 25. Mai über das Mittelgebirge gegen den Paschberg vor. Schon waren die feindlichen Vorposten verjagt und die Bayern am Lemmenhof überrannt. Im Sturm drangen die Tiroler weiter den Wald hinunter zur Sillbrücke, in der Hoffnung, sich dann mit dem Zentrum vereinigen zu können. Es ist dies eine der typischen taktischen Situationen aller Bergiselkämpfe: Der rechte Flügel ist durch die Sillschlucht völlig vom Zentrum getrennt und muß über seine Operationen allein entscheiden. Eine Verbindung mit dem Gros der Tiroler, dem Zentrum, ist nur über die gefährliche Talebene möglich! So mußten die Bauern auch diesmal vor dem starken feindlichen Feuer vom Kloster Wilten her, von wo auch eine Kanone herüberdonnerte, zurückweichen. Ein Gegenstoß der feindlichen Truppen trieb sie über den Lemmenhof hinauf bis gegen Lans. Dort stand jedoch die Reserve unter Reißenfels. Zusammen mit zwei Kompanien Devaux unter Hauptmann Daubrawa wurden die Bayern wieder bis zur Sill

hinunter zurückgeworfen. An der dortigen Brücke gelang es, sie in die Zange zu nehmen: Eine Gruppe Bauern durchwatete in der Sillschlucht den Fluß und eröffnete das Feuer im Rücken der Bayern, während die Infanteristen Daubrawas von vorn gegen die Brücke stürmten. Die so Bedrängten mußten sich zum Kloster Wilten zurückziehen, die tirolischen und österreichischen Truppen konnten sich in den bei der Brücke stehenden Häusern festsetzen. Vergebens feuerten die Bayern den ganzen Nachmittag über auf diese Stellung. Sie war den Tirolern so sicher, daß Gasteiger sie mit einer Gruppe verlassen und in Amras zu Hilfe eilen konnte.

Am linken Flügel entbrannten harte Gefechte gegen die immer wieder durch von der Talebene heraufgeführte frische Kräfte verstärkten bayerischen Truppen. Mit wechselndem Erfolg wurden die als Stützpunkte dienenden Einzelhöfe in den Wäldern auf den Natterer Höhen umkämpft, etwa der Eichhof, der Jesuitenhof und der Tschurtschentalerhof. Besonders wichtig wurden die Höfe oder früheren Vogelhütten an den Waldabhängen. Unter dem tollkühnen Voranstürmer Haspinger gelang es nach mehreren kritischen Momenten, die Bayern endgültig von den Höhen hinabzudrängen. Diese konnten sich zunächst in diesen Höfen festsetzen, so etwa in der Schrofenhütte (der früheren Vogelhütte der Grafen Künigl), in der Geisterhütte (Vogelhütte der Herren von Kammerlander), im Jehlehof (Vogelhütte der Grafen Wolkenstein) und in der Fischerhütte (Ragglhütte, Vogelhütte der Herren Stabinger). Einige Zeit wogte nun der Kampf um diese Ansitze hin und her, bis die Tiroler mit Ammanns Jägern endlich die Bayern daraus vertreiben konnten. Mehr noch: Haspinger und Graf Hendl bemächtigten sich unter maßgeblicher Beteiligung von Buchers Sturmmannschaften sogar der Gallwiese und des Hußlhofes, über den der feindliche Nachschub auf die Höhen erfolgt war.

Das Zentrum drängte zunächst die bayerischen Streitkräfte an der Brennerstraße und auf deren westlichem Berghang zurück. Der hervorragende Anteil Ertels und seiner Soldaten darf hier nicht unerwähnt bleiben. Gegen Mittag hatte man das Bergiselplateau erreicht, von dem aus die Kanonen Ertels die Wiltener Felder bestrichen. Die Bayern hatten sich auch in diesem Abschnitt in den Höfen am Bergfuß festgesetzt (Linsingburg, Reselehof, Sarntheinhof).

Zu diesem Zeitpunkt wurde Deroy Oberinntaler Landsturm bei Zirl gemeldet. Von der zunächst erfolglosen Werbung Teimers im Oberinntal wurde schon berichtet. Hofers Laufzettel und Gerüchte von Siegen der österreichischen Armee vermochten neuen Kampfgeist zu wecken. Bald war ein Dutzend Kompanien im Gericht Landeck versammelt. Auch aus den Gerichten Imst, Petersberg und Hörtenberg erfolgte nicht unerheblicher Zuzug. Um Scharnitz und Leutasch rüstete man sich zum Kampf und überrannte sogleich Graf Arcos vorgeschobene Posten. Arco reagierte mit verstärkten Besatzungstruppen und brutaler Niederbrennung von Scharnitz. Dies bewog Josef Marberger, den Kommandanten der Silzer Kompanien, mit einem großen Teil der Oberinntaler eiligst diesen Grenzorten zu Hilfe zu kommen. Die Bayern mußten dann die Scharnitzer Pässe räumen und am 30. Mai auch Mittenwald aufgeben. So geschah es aber, daß auch diesmal die Oberinntaler nicht rechtzeitig zur Stelle waren. Vergebens schauten am Morgen des 29. die von Hofer zur Fühlungnahme ausgesandten Meraner Kompanien in Zirl nach den Oberinntalern aus. Gegen Mittag traf dann Teimer endlich in Zirl ein. Doch seine Mannschaft war stark dezimiert, der größte Teil hatte sich ja in Richtung Scharnitz gewandt. Die ihm entgegengeschickten Passeirer bildeten nun beim Weitermarsch die Vorhut seiner aus Telfs, Landeck und Glurns heruntergeführten Kompanien.

Immerhin aber hatte nun Deroy eine Umklammerung auch von Norden her zu befürchten. Noch vor dem Eintreffen der Oberinntaler wollte er deshalb wieder die südlichen Höhen zurückgewinnen. Er warf nun alles in den Kampf. Doch vergebens stürmten die tapferen bayerischen Soldaten gegen den Hußlhof an. Hier hielten die Meraner, die Stubaier und Buchers Landsturm unter der Führung Haspingers allen bayerischen Vorstößen stand.

Der Hauptstoß unter General Siebein wurde jedoch gegen den Bergisel geführt. Tatsächlich gelang es ihm, mit aufgepflanzten Bajonetten und unter Geschützfeuer aus den Wiltener Feldern bereits hart an den Rand des Plateaus hinaufzukommen. Schon waren die Gefechtslinien der Tiroler zerrissen. Da rief Ertel wieder eine Reserve, die Eskadron des Rittmeisters Henrion, da eilte Hofer aus dem Hauptquartier heran und feuerte seine Bauern an! Trotz größten Einsatzes mußten nun die Bayern wieder aus dem Wald und dem Hohlweg zurückweichen und vor den Nachstürmenden auch die Häuser am Fuße des Berges räumen.

Nach diesem mißlungenen Vorstoß wurde es stiller. Man beschränkte sich beiderseits auf einen Feuerwechsel zwischen der Ebene bei der Kirche und dem Kloster Wilten und den Waldhängen des Bergisels.

Endlich näherte sich Teimer auch im Norden der Stadt von Kranebitten über die Höttinger Felder. Ertel glaubte, Deroy angesichts dieser drohenden Umzingelung zu einer Kapitulation bewegen zu können. Doch Deroy wäre nur zu einem kurzen Waffenstillstand bereit gewesen.

Das Eintreffen neuer Munition vom Brenner her ließ das Feuer auf Tiroler Seite wieder stärker werden. Jedoch wagten es beide Gegner nicht, aus den Stellungen vorzugehen. Teimer begnügte sich gar damit, in Kranebitten sein Nachtquartier aufzuschlagen. So brach der Abend herein, der weder eine vollkommene Einschließung noch eine Kapitulation oder gar Vernichtung der Bayern gebracht hatte. Deroy wußte aber, daß ihn der Tag darauf zur Kapitulation gezwungen hätte. Er war jedoch nicht gesonnen, den Fehler Kinkels zu wiederholen. Die Rückzugslinie über Seefeld—Scharnitz wußte er unterbrochen, ein gefährlicher Munitions- und Verpflegungsmangel war eingetreten. Seine Soldaten waren demoralisiert. Schon nach den ersten Gefechten am 25. hatten sie gemurrt, sie wollten gern gegen ihresgleichen kämpfen, aber gegen diese Bauern, „die sie nie sähen, bevor sie nicht verwundet wären, sei keine Ehre zu holen". So bereitete Deroy alles für einen unauffälligen nächtlichen Abmarsch vor. (Verluste am 29. Mai: Bayern rund 130 Tote und rund 500 Verwundete, Tiroler und Österreicher rund 90 Tote und über 160 Verwundete.)

Als man am nachfolgenden Morgen auf den Höhen rund um Innsbruck neuerlich zum Angriff rüstete, entdeckte man, daß die Bayern entwichen waren. Unter großem Jubel, ähnlich wie in den Apriltagen, rückte man in die Stadt ein. Deroy aber betrat nach manchen Attacken des bewaffneten Landvolkes im Unterinntal am 2. Juni bayerischen Boden.

An dem denkwürdigen 29. Mai überschritt Chasteler mit seinen in Lienz und Leisach lagernden Truppen die Grenze nach Kärnten und erreichte zu Mittag Oberdrauburg. Eine auf abenteuerliche Weise zu ihm nach Lienz gelangte Depesche Erzherzog Johanns hatte von der Aufstellung der Armee in Graz berichtet und befohlen, aus Tirol durch Kärnten im Rücken der Feinde sich dieser anzuschließen. Als Chasteler rund zwei Monate vorher ins Land gekommen war, hatte der Aufstand bereits einen siegreichen Verlauf genommen; als er nun abzog, war in den Kämpfen um Innsbruck zum zweitenmal die Befreiung erfochten worden.

Des Kaisers Wort

Mit diesem 29. Mai ist auch ein sehr eigenartiges Schriftstück datiert: die Wolkersdorfer Proklamation, als Wolkersdorfer Handbillett in die Literatur eingegangen. Als Pendant zum Schärdinger Manifest darf es hier nach der zweiten Befreiung nicht fehlen:
„Nach bedeutenden Unglücksfällen, und nachdem der Feind selbst die Hauptstadt der Monarchie eingenommen hat, ist es Meiner Armee gelungen, die Französische Hauptarmee unter Napoleons eigener Anführung im Marchfelde am 21. und wiederholt am 22. May zu schlagen, und nach einer großen Niederlage über die Donau zurückzuwerfen. Die Armee und die Völker Oesterreichs sind von höherem Enthusiasmus als je beseelt; alles berechtiget zu großen Erwartungen. Im Vertrauen auf Gott und Meine gerechte Sache, erkläre Ich hiemit Meiner treuen Grafschaft Tyrol, mit Einschluß des Vorarlbergs, daß sie nie mehr von dem Körper des Oesterreichischen Kaiserstaates soll getrennt werden, und daß Ich keinen anderen Frieden unterzeichnen werde — als den, — der dieses Land an Meine Monarchie unauflöslich knüpft. So bald möglich wird sich Mein lieber Herr Bruder der Erzherzog Johann nach Tyrol begeben, um so lange der Anführer und Schützer Meiner treuen Tyroler zu seyn, bis alle Gefahren von der Grenze der Grafschaft Tyrol entfernet sind.

Wolkersdorf, den 29. May 1809.   Unterzeichnet: Franz. m. pr."

Dieses Schreiben war ein Produkt der momentanen Euphorie im kaiserlichen Hauptquartier nach dem Sieg von Aspern. Solch außergewöhnliche und fixierte Zusagen bedeuteten aber eine Festlegung der künftigen kaiserlichen Politik. Einer derartigen Einschränkung des Spielraumes bei den zu erwartenden Friedensverhandlungen hätte folglich der Außenminister niemals zugestimmt. In der Tat hatte der Kaiser, über den Napoleon mit einiger Berechtigung zu witzeln pflegte, daß er immer dem recht gebe, der zuletzt mit ihm gesprochen, seine Unterschrift unter ein Schriftstück gesetzt, das den Einflüsterungen von Günstlingen entsprang, Männern der Kriegspartei, Männern wie Feldmarschalleutnant Bubna und Staatsrat Baldacci, aber auch Feldmarschalleutnant Duka und Generaladjutant Kutschera. Noch in Unkenntnis der Ereignisse bei Innsbruck suchten sie die Tiroler Bevölkerung durch derartige Zusagen zu erhöhtem Widerstand aufzustacheln.
Vergeblich suchte Erzherzog Johann diese Proklamation und ein weiteres, allerdings wesentlich vorsichtiger abgefaßtes Handschreiben an die Stände Tirols vor

der Verbreitung zurückzuhalten. Er ahnte, daß man diese großen Versprechungen bei der Lage der Dinge nicht werde halten können, er ahnte, daß der Kaiser dann als wortbrüchig erscheinen mußte, und er ahnte vor allem, daß sich Tausende in blindem Vertrauen auf dieses Versprechen ins Unglück stürzen würden. Doch er mußte bald zu seinem „größten Verdruß und Schmerz" erfahren, „daß dieses Handbillett durch unbesonnene Menschen auf anderen Wegen nach Tirol befördert und dort bekannt gemacht wurde".

Bis zur Wiederbesetzung

Am 2. Juni tauchte Hormayr wieder in Innsbruck auf und übernahm neuerdings die Leitung der Geschäfte. Mit Dekret vom 3. Juni wurde Buol formell von Chasteler mit dem militärischen Oberkommando in Tirol betraut. Hormayr stürzte sich mit großem Eifer auf die Verwaltung und vornehmlich auf das Defensionswesen. Mit kaum verborgener Eifersucht auf jene, die die zweite Befreiung errungen hatten, wurden Hofer und seine Umgebung zurückgedrängt. Wie auch nach den Aprilkämpfen lag die größte Sorge in der Beschaffung von Geld. Die finanzielle Situation gestaltete sich immer kritischer. Hormayr und Buol mußten bald dem Erzherzog Johann von einer bereits unhaltbar gewordenen Lage berichten.
Zur gleichen Zeit überschwemmte wie nie zuvor eine Flut von Berichten und Gerüchten das Land. Hormayr startete wie zu Beginn des Aufstandes eine antinapoleonische Kampagne. Der verrückte Kommandant von Lienz, Johann Nepomuk von Kolb, dessen krankhafter Fanatismus gegen Ende der Befreiungskämpfe noch viel Unglück bringen sollte, wußte immer wieder von neuen Siegen der Österreicher zu berichten. Selbst die Kunde von Wagram kam so verstellt nach Tirol, daß ein österreichischer Sieg daraus wurde.
Eine Verbindung zu den Unzufriedenen in Deutschland scheint nach der zweiten Befreiung nicht aufgenommen worden zu sein. Schill war am 31. Mai in Stralsund gefallen, ihn hatte Hormayr gekannt. Die Gärung in Schwaben wurde von Tirol aus nicht gefördert. Zur Schweiz wurden eher von Vorarlberg als von Tirol aus Beziehungen angeknüpft. Offiziell verhielt sich die Helvetische Republik völlig neutral und dokumentierte dies deutlich genug durch Aufstellung eines Truppenkordons entlang der Grenze zu Tirol und Vorarlberg. Freilich zeigte bereits die Tätigkeit Bischof Buols Initiativen aus dieser Richtung. Ebenso ist eine heimliche Unterstützung des Vorarlberger Aufstandes durch Schweizer erwiesen. Mit dem österreichischen Gesandten in Bern, Schraut, und dem Gesandtschaftssekretär Lichtenthurn stand Hormayr allerdings in Verbindung. Lichtenthurn und ein Breslauer Bankhaus waren der Weg, über den er zu englischem Geld zu kommen hoffte. Die Vorarlberger wurden von Hormayr und Buol sich selbst überlassen. Der Aufstand im Veltlin und im Brescianischen trat zwar mit Tirolern in Fühlung, bedurfte aber viel mehr selbst der Unterstützung, als daß er anderen solche hätte gewähren können.
Wie vor Lefebvres Einmarsch nahm Teimer nun seine Ausfälle nach Bayern wieder auf. Er war mit der Verfolgung des abziehenden Deroy zu spät gekommen und wandte sich nun seinem bewährten System der „brutalen Planlosig-

keit" zu. Manche Schützenhauptleute lehnten eine Beteiligung an solchen Aktionen ab, doch Teimer verstand es, Freiwillige zu werben; zu diesen gesellte sich ein von Buol überlassener Trupp regulärer Soldaten. Bis Partenkirchen, Murnau, Weilheim, Kochel und Tegernsee streiften die Freischärler. Die wiederholten Verbote der Innsbrucker Schutzdeputation vermochten Teimer nicht zu beeindrucken. Ebenso wurde nun wieder die Blockade von Kufstein aufgenommen. Zwei Kompanien unter Hauptmann d'Esquille stellte Buol zur Verfügung, zehn Schützenkompanien konnte Speckbacher sammeln. Dessen Schlauheit und Verwegenheit bei der Belagerung brachten ihm zwar einen Kranz von Geschichten und Anekdoten ein, das Unternehmen scheiterte aber auch diesmal. Desgleichen hatten die Ausfälle zwischen Kufstein und Achenpaß auf die bayerischen Angrenzer keine Rückwirkung auf die Belagerung.

Wenig Erfolg war auch einem anderen Unternehmen beschieden: Die Pässe Hirschbühel und Luftenstein ebenso wie Strub und Lueg sollten besetzt und gesperrt werden. Die Salzburger Bauern sollten ihre Grenzen genauso abriegel wie die Tiroler. Die Scharen unter dem Aichberger Wirt Wallner fanden im Pinzgau und im Pongau aber nur wenige kampfesfreudige Bauern vor.

In Südtirol kam es Anfang Juni zu Kampfhandlungen. Graf von Leiningen hatte am 23. Mai bei Klausen Stellung bezogen, ging dann weiter nach Bozen und besetzte am 27. Trient. Seinen Abmarsch hatte er mit der Gefahr von feindlichen Streifzügen vom Tornale aus gegen Bozen, Klausen und Brixen begründet. Am 25. Mai schrieb er seinem Freund Hofer, er könne das Kommando nicht übernehmen ohne Rechtfertigung und Sicherheit seiner Person. Er hatte eine sich als Landsturm ausgebende Räuberhorde aus Brixen verjagt und wurde daraufhin mit Bezeichnungen wie Spitzbub, Lump und Verräter apostrophiert. (Die Bergiselkämpfe dürften zunächst eine Bereinigung dieser Angelegenheit nicht ermöglicht haben, und am 3. Juni wurden dann die Kommandoverhältnisse durch Chasteler selbst geregelt.) Anfang Juni unternahm Leiningen Ausfälle in feindliches Gebiet an der welschtirolischen Grenze und forderte hohe Kontributionen. Doch bald drangen französische Truppen gegen Trient vor. Nach weiterer Verstärkung konnte Oberst Levier Leiningen bei Martello zurückdrängen und ging daran, Trient zu beschießen. Die Sturmglocken riefen mehr als tausend wehrhafte Männer innerhalb der Stadt und zahlreiche Kompanien aus der Umgebung zusammen. Gleichzeitig mit einem massiven Ausbruch Leiningens umringten die Schützen auf den umliegenden Höhen die Belagerer. Nach vierstündigem Gefecht zog sich Levier über die Landesgrenze zurück.

Wie war die Reaktion Napoleons auf die zweite Befreiung Tirols? Zunächst konnte er der Nachricht kaum Glauben schenken. Dann aber mußte er sich doch eingestehen, daß er durch den Abruf Lefebvres nicht schuldlos an diesem Ausgang war. Nach außen hin rechtfertigte er sich, er habe die bayerischen Truppen nicht zerstreuen wollen. Aber auch jetzt beabsichtigte er, wie das schon im Mai der eigentliche Grund war, das Gros der bayerischen Truppen zur Entscheidung gegen Österreich mitzuführen. Gerade nach der Niederlage von Aspern waren sie notwendiger denn je. Deshalb überließ er Tirol zunächst seinem Schicksal, ja selbst Deroy zog er später nach Österreich ab. Dadurch geriet Bayern in eine gefährliche Lage.

Es mag deshalb nicht verwundern, wenn sich dort zusehends die Stimmen häuften, die für eine friedliche Verständigung mit den Tirolern plädierten. Dieses Volk könne man nicht mit Gewalt unterwerfen, man solle ihm Zugeständnisse wirtschaftlicher und vor allem religiöser Natur machen. Diese Vorstellungen führten im Aufruf des bayerischen Referendars und General-Salinenadministrators Josef von Utzschneider an die Tiroler zu einem offiziösen Schritt bayerischer Regierungskreise. Schon vorher hatten heimliche Unterredungen verlockende Angebote ahnen lassen. Für Hormayr als österreichischen Beamten wären solche Verhandlungen einem glatten Verrat gleichgekommen, deshalb wies er auch Utzschneider dezidiert zurück. Es dürfte kaum ein Zufall sein, daß gerade nach dem Aufruf Utzschneiders eine Unzahl falscher Nachrichten über glückliche Siege der Österreicher durch das Land schwirrte.
Statt dessen aber hatten die Österreicher den Erfolg von Aspern nicht genützt. Am 5. und 6. Juli wurden sie bei Wagram entscheidend geschlagen, und am 12. mußte ein verzweifelter Erzherzog Karl bei Znaim den Waffenstillstand annehmen. In dessen viertem Artikel wurde bestimmt, daß die österreichischen Truppen Tirol und Vorarlberg verlassen und das Fort von Sachsenburg den französischen Truppen überlassen müßten. Kein Wort jedoch über das weitere Schicksal der Tiroler Bevölkerung. War das ein Zeichen Napoleonischer Härte oder Gleichgültigkeit des militärischen Hauptquartiers?
Große Skrupel vor der Bekanntgabe dieser Bestimmungen zeigte jedenfalls Kaiser Franz. Er mußte sich nun mit Recht im Hinblick auf seine Wolkersdorfer Proklamation als „in seiner Ehre kompromittiert" fühlen. In seiner charakteristischen Art verschloß er zunächst einfach die Augen vor den harten Tatsachen, bis er dann am 19. Juli formell den Waffenstillstand anerkannte. Bis dahin glaubte auch Erzherzog Johann mit der Bekanntgabe in Tirol zögern zu dürfen. Freilich war die Kunde von einem Waffenstillstand bereits ins Land gedrungen. Sie stieß beim Volk auf Unglauben, Zweifel, ja Empörung. Viele Tage der Unsicherheit und der wildesten Gerüchte vergingen. Nach absichtlicher Verzögerung erhielt Buol am 28. Juli den Befehl zum Abmarsch und die Bestätigung des Waffenstillstandes. Deutlich genug war darin die Maxime Erzherzog Johanns verflochten, den Abmarsch so langsam wie möglich zu gestalten und das Volk auf einen baldigen neuen Waffengang hoffen zu lassen. Buol handelte aber nicht ganz in diesem Sinn. Er verständigte sämtliche Schutzdeputationen und Kommandantschaften vom Waffenstillstand und seinem Abzug. Das Schabser Plateau wurde zum Sammelplatz der Truppen bestimmt, bei dem Oberstleutnant Leininger aus Bozen und Oberstleutnant Taxis vom Brenner erwartet wurden. Am 4. August rückten dann die gesammelten Truppen vom Schabser Plateau ab.
Mehrere Tiroler Anführer machten vom Angebot Gebrauch, in österreichischen Uniformen mit dem Militär das Land zu verlassen. Auch Teimer und Hormayr setzten sich ab. Hofer jedoch wies die Aufforderung, an seine Rettung zu denken, weit von sich. Auch Speckbacher, der sich bereits dem Militär angeschlossen hatte, blieb seinem Lande treu.

Die dritte Befreiung

Die französischen Aufmarschpläne werden vereitelt

Napoleon war nun gewillt, die Zeit des Waffenstillstands für die endgültige Unterwerfung Tirols zu nützen. Er erteilte Lefebvre seinen bekannten brutalen Befehl: „... Meine Absicht ist, daß Sie bei Empfang des Gegenwärtigen in den tirolischen Bezirken 150 Geiseln fordern und wenigstens sechs große Dörfer sowie die Häuser der Führer plündern und niederbrennen lassen und daß Sie erklären, das Land werde in Blut und Eisen aufgehen, wenn nicht alle Gewehre, wenigstens 18 000, abgeliefert werden. Sie haben die Macht in Händen, seien Sie schrecklich und handeln Sie so, daß man einen Teil der Truppen aus dem Lande ziehen kann, ohne fürchten zu müssen, daß die Tiroler wieder anfangen. Ich erwarte zu hören, daß Sie sich nicht in eine Falle locken ließen und daß mein Waffenstillstand nicht umsonst ist."
Marschall Lefebvre zog aus den Maikämpfen die Lehre: Er wußte nun, daß eine Besetzung von Innsbruck allein nicht genügte. Diesmal wollte man von allen Seiten gegen das Zentrum des Landes vorstoßen. Napoleon glaubte, 18 000 bis 20 000 Mann müßten zur Niederwerfung Tirols genügen. Lefebvre sollte von Salzburg nach Innsbruck marschieren, Beaumont über Scharnitz nach Innsbruck und weiter nach Vorarlberg. Rusca hatte Sachsenburg zu besetzen und durch das Pustertal vorzudringen.
Am 27. Juli erfolgte der Ausmarsch der Streitkräfte Lefebvres aus Salzburg: die Division Kronprinz (unter Raglovich), die sächsisch-rheinbündische Division Rouyer und die Division Deroy. Marschall Lefebvre konnte mit den ersten beiden ohne ernste Schwierigkeiten über den Paß Strub durch das Inntal heraufziehen und traf am 30. Juli in Innsbruck ein. Deroy, über den Luegpaß, Mittersill und Gerlos marschierend, hatte einige Schwierigkeiten bei Taxenbach und Mittersill, gelangte aber am 1. August ebenfalls nach Innsbruck. Zugleich überschritten 10 000 Franzosen und Bayern unter General Beaumont die Scharnitzer Grenze. In Seefeld gingen zahlreiche Gebäude in Flammen auf. Beaumont entschuldigte sich und zog durch das Oberinntal nach Vorarlberg.
Von Kärnten her näherte sich Rusca. Am 3. August besetzte er Lienz; Landsturm aus Anras, Sillian und Innichen hatte aus den Häusern heraus erbitterten, aber vergeblichen Widerstand geleistet. Nun versperrten ihm die Bauern bei der Lienzer Klause den weiteren Vormarsch. Umsonst ließ Rusca mehrere Dörfer zwischen Lienz und der Klause niederbrennen. Das System des Schreckens bewirkte nur weiteren Zustrom und vermehrte Kampfeslust des Landsturms unter seinem Kommandanten Anton Steger. Rusca mußte mit großen Verlusten am 10. August nach Greifenburg zurück.
Inzwischen hatte Andreas Hofer neuen Mut geschöpft, wieder konnte er zahlreiche gute Freunde um sich sammeln, und wieder eilten seine Laufzettel durch das Land. Schon näherten sich feindliche Truppen über den Brenner. Lefebvre hatte General Rouyer mit den sächsischen Kontingenten, dem vierten bayerischen Chevauxlegers-Regiment und der Batterie Vandove nach Süden abgeschickt. Ihnen folgten unter Oberst Wittgenstein je ein Teil des ersten Dragonerregiments und

des ersten Infanteriebataillons Habermann. Ohne Schwierigkeiten erreichten sie Sterzing. Am 4. August morgens wurde in Richtung Brixen aufgebrochen. In der Talenge südlich von Sterzing ereilte sie ihr Schicksal. Andreas Hofers Ruf zur Verteidigung des Landes gegen den eindringenden Feind war nicht ungehört geblieben. Der Mahrwirt Peter Mayr, der Schabser Wirt Peter Kemenater, der Kreuzwirt von Brixen, Martin Schenk, und Pater Joachim Haspinger hatten sich geschworen, dem Feind einen heißen Empfang zu bereiten. Der Landsturm aus der Gegend um Brixen und Klausen strömte zur Talenge von Mittewald und Oberau. Unter maßgeblicher Leitung Speckbachers wurden Verhaue angelegt und auf den Höhen über der Talsperre riesige Steinhaufen aufgeschichtet. So donnerten dann die Steinlawinen auf die marschierenden und reitenden Kolonnen, und Scharfschützen feuerten in das Chaos scheugewordener Pferde und durcheinanderstürzender Soldaten. Am Abend des 5. August waren an die tausend Mann gefallen, verwundet oder gefangen. Da brach Lefebvre selbst mit 7 000 Mann und zehn Geschützen der Division Kronprinz gegen Süden auf. Gleichzeitig sollte ein Teil der Division Deroy über das Oberinntal in den Vintschgau marschieren. Doch auch Lefebvre gelang der Durchstoß nicht. Schon in der Gegend von Mauls und am Ausgang des Ridnauntales kam es zu Gefechten. Hofer hatte eiligst Passeirer und Burggräfler Kompanien über den Jaufen herangeführt. Lefebvre mußte den Rückzug nach Innsbruck antreten.

Ähnliches wie in der „Sachsenklemme" ereignete sich am 8. und 9. bei der schon von 1703 her bekannten Pontlatzer Brücke in der Gegend von Prutz im Oberinntal. Das zehnte bayerische Fußregiment, ein Teil der Division Deroy, unter Oberst Burscheid geriet hier in das Feuer und in die Steinlawinen des Landsturms und mußte kapitulieren.

Überall zeigten sich nun Zeichen des Sturms, überall regte sich der Aufstand, an den nördlichen Pässen kam es zu Gefechten, das Unterinntal geriet wieder in Bewegung, es kam zu Überfällen in Pill und Eben am Achensee. Feindliche Gruppen wurden im Oberinntal bis Innsbruck verfolgt.

Die Kämpfe am 13. August[*]

Lefebvres Rückzug von Sterzing nach Innsbruck gestaltete sich sehr verlustreich. Bis zum Brenner blieb er unbehelligt; auf dem Paß Lueg ließ er das weitläufige Zollgebäude und das Lagerhaus niederbrennen. Von Matrei an beschossen die Schützen aus dem Stubai- und dem Wipptal, gedeckt durch die Wälder beiderseits der Straße, die vorbeimarschierenden Truppen; die Nachhut unter Graf Arco wurde von drei nachrückenden Meraner Kompanien unter Speckbacher stark dezimiert. Vom Schönberg weg wurde es noch ärger. Nun gesellten sich auch die Schützen aus den Dörfern der Innsbrucker Umgebung zu den Angreifern. Nur mit Mühe konnte Lefebvre seine Truppen in die Stadt retten.

Dort war Drouet in der Zwischenzeit nicht untätig gewesen. Nach der bayerischen Niederlage an der Pontlatzer Brücke flüchtete ein Teil der in Nordtirol stationier-

[*] Vgl. dazu die Skizze im Anhang IV.

ten und durch dauernde Überfälle bedrohten Truppen nach Innsbruck. Bereits am 10. August war die bayerische Regierungskommission abgereist. In den Dörfern rund um Innsbruck sammelten Firler und Bucher den Landsturm. Die Oberinntaler bezogen Wache auf dem Arlberg und auf dem Zeinisjoch, die Lechtaler auf dem Fernpaß, und die Telfser und Seefelder versahen den Grenzschutz auf dem Seefelder Sattel.

Am 11. August versuchten einige Tausend Tiroler unter Firlers Führung von Kranebitten und von den südlich der Stadt gelegenen Wäldern aus einen Angriff, der zurückgeschlagen wurde; dabei ging der über Hötting gelegene Planötzenhof in Flammen auf.

Nach der Ankunft Lefebvres in Innsbruck hatten seine Verfolger keine Kampfeslust mehr. Es fehlte an Proviant und Munition, und die Bauern machten sich wieder auf den Heimweg. Erst die dringenden Appelle Hofers, der am 11. August in Matrei am Brenner eingetroffen war, sowie die persönliche Werbung Speckbachers belehrten sie eines Besseren, und der Landsturm sammelte sich wieder auf dem Schönberg.

An die 17 000 Mann lagerten in der Nacht zum 13. August auf dem Gelände zwischen dem Matreier Wald und den Feldern von Mutters. Für den Tag darauf hatte Hofer die entscheidende Schlacht angekündigt.

Gegen Morgen führte Peter Mayr seine Kompanien (je eine aus Brixen, Velthurns, Pfeffersberg, Albeins, Schabs, Sterzing, Tiers, Jenesien, Mölten, Terlan, Tisens, Ritten, Sarntal, Enneberg, zwei von Kastelruth, drei aus dem Passeiertal, den Landsturm von Gröden, als Reserve zehn Wipptaler Kompanien, vier aus dem Stubaital und den Landsturm von Ranggen) über die Brennerstraße gegen Innsbruck. Haspinger schlug mit seinen Leuten (je eine Kompanie von Villanders, Stubai, Schlanders, Burgeis, Martell, Algund, Lana, Tisens und Ulten, vier von Latsch, je drei von Schnals und Kastelbell und zwei von Meran) einen weiten Bogen von Mutters über Natters bis zum Eichhof. Diese beiden Truppen bildeten mit etwa 7000 Mann das Zentrum. Der linke Flügel unter Bucher bestand aus den Kompanien von Natters, Mutters, Hörtenberg, Axams, Innsbruck, Hötting, Götzens, Längenfeld, Umhausen, Sonnenburg, Oberperfuß, Sellrain, Kematen und Wilten, zusammen etwa 1500 Mann. Hofer selbst bezog mit seinem „Generalstab" sein Hauptquartier zuerst im Lenerhaus in Unterschönberg, dann beim Schupfen.

Die Bayern unter Lefebvre hatten in Innsbruck 10 600 Mann Infanterie, 1400 Reiter und 43 Geschütze; 4000 Mann standen unter Rouyer in Hall. Dieser war zwar mit Lefebvre von Sterzing zurückgekehrt, hatte aber mit seinen Truppen von Matrei den Weg über die Ellbögener Straße nach Hall genommen und war dort unbehelligt angelangt. Am 13. August, einem Sonntag, rechnete der Marschall nicht mit dem Angriff der Tiroler. Die Nachrichten in den frühen Morgenstunden schienen seine Ansicht zu bestätigen; während der Nacht war alles ruhig geblieben. Die Vorposten, die auf der untersten Hangstufe bis gegen den Plumeshof hin standen, meldeten keine besonderen Vorkommnisse. Als sich um halb acht die dienstfreie Garnison zum Gottesdienst in der Wiltener Kirche versammelt hatte, langte die Meldung ein, daß eine große Anzahl von Bauern auf der Brennerstraße heranstürme.

Die Truppen des Mahrwirts trafen beim Reisachhof auf die bayerische Vorhut.

Sie warfen sie zurück und setzten sich im Gelände zwischen Bergisel und Klosterberg fest. Noch bevor sie durch den Hohlweg auf die vom Gegner besetzten Höfe herunterstürmen konnten, mußten sie sich vor den angreifenden Truppen Deroys auf die bewaldete Kuppe des Bergisels zurückziehen.
Auch Haspinger war im ersten Ansturm erfolgreich, er eroberte die bayerischen Stellungen beim Plumeshof und bei der Schrofenhütte und stellte die Verbindung zu Mayrs Kompanien her. Gemeinsam gelang es ihnen, wenigstens den Sarntheinhof in ihren Besitz zu bringen, wo mehrere Doppelhaken (schwere Handfeuerwaffen auf Lafette) installiert wurden. Nachdem auch die Gallwiese und der Hußlhof durch Buchers Leute von den Feinden gesäubert worden waren, glaubten die Tiroler die Talsohle mit Leichtigkeit gewinnen zu können. Allein dem Sturmangriff von Deroys Elitetruppen waren sie nicht gewachsen; sie mußten Teile der schon eroberten Positionen aufgeben und sich wieder dem schützenden Wald zuwenden.
Den rechten Flügel im Osten jenseits der Sillschlucht bildete Speckbacher mit den Kompanien aus Igls, Patsch, Ampaß, Rinn, Tulfes, Amras, Lans, Sistrans, Aldrans, Thaur, Tux, Volders, Wattens, Weer, Weerberg, Schwaz und St. Margarethen. Ihm hatte Hofer unter Valentin Tschöll drei Kompanien von Algund, je eine von Riffian, Partschins, Meran, Schenna, Tirol, Naturns, Marling, Vöran und zwei von Mais beigestellt. Damit erreichte dieser Flügel eine Stärke von 3500 Mann, Speckbacher war am frühen Morgen von Rinn aus aufgebrochen; einen Teil seiner Mannschaft sandte er über Aldrans nach Amras, mit dem anderen zog er zum Paschberg; sein Ziel war die Sillbrücke, von wo er jedoch nach anfänglichen kleinen Erfolgen durch das Feuer der beim Bartholomäuskirchlein und in den umliegenden Häusern aufgestellten Geschütze und einen gleichzeitigen bayerischen Angriff wieder vertrieben wurde. Ein kleines Scharmützel gab es beim Tummelplatz, wo eine Anzahl Landstürmer auf eine bayerische Kompanie stieß. Bis zur Mittagszeit konnte Speckbacher auf seinem Abschnitt keine größeren Erfolge erzielen.
Am wenigsten erfolgreich war der Tiroler Angriff vom Nordwesten her. Hier standen unter Firlers Oberbefehl folgende Kompanien: drei aus dem Ötztal, je eine von Reschen, Nauders, Flaurling, Sautens, Graun, Langtaufers, Naudersberg, St. Valentin auf der Haide, Pfunds, Schleis, Tartsch, Schluderns, Lichtenberg, Taufers, Agums, Stilfs, je zwei von Imst und Glurns und fünf von Landeck, insgesamt etwa 4500 Mann mit den Abteilungskommandanten Marberger und Pemmelburg. Von diesen zogen sechs Kompanien vom Kerschbuchhof gegen den Planötzenhof, Marberger näherte sich über die Allerheiligenhöfe, und Pemmelburg rückte in der Talsohle in der Deckung der verstreuten Stadel und Höfe vor, doch wurden alle drei Abteilungen wieder bis weit über Kranebitten hinaus zurückgedrängt. In Kranebitten selbst legten die Bayern Feuer, das gegenüberliegende Dorf Völs wurde durch ein bayerisches Bombardement erheblich in Mitleidenschaft gezogen.
Um die Mittagszeit wurden an allen Fronten die letzten Reserven eingesetzt. Speckbacher drängte mit Tschölls Hilfe die Bayern bis an die Sillbrücke zurück, dann versperrten ihm wieder die beim Kloster Wilten stehenden Geschütze und Truppen den Weg. Ein neuerlicher vereinter Ansturm Haspingers und Mayrs miß-

lang; wegen dieses Mißerfolges wurde auch Speckbacher wieder aus den schwererrungenen Positionen geworfen; ebenso mußten die Landstürmer die Gallwiese räumen. Ein weiteres Vordringen am linken Flügel im Gebiet um den Hußlhof und Geroldsbach, das der junge Lefebvre mit einer frischen Mannschaft versuchte, wurde in einem mörderischen Kampf Mann gegen Mann verhindert; ein gegnerischer Vorstoß gefährdete das Zentrum der Tiroler und vertrieb sie kurzfristig vom Bergiselplateau.

In dieser gefährlichen Situation ließ Andreas Hofer im Stubai- und im unteren Silltal die letzten Mannschaftsreserven zusammentrommeln, die den erschöpften, bis zum Reisachhof zurückgewichenen Mannen um Peter Mayr zu Hilfe kamen und den Feind wieder über den Hohlweg ins Inntal hinunterjagten. Nicht besser erging es den wieder vorgerückten Angreifern unter Marschall Lefebvre am östlichen Sillufer; sie mußten den bereits zum zweitenmal eroberten Lemmenhof räumen, auch die Sillbrücke wurde von den Tirolern im ersten Anlauf überrannt, das Kloster Wilten aber hielt dem Ansturm stand.

Inzwischen waren um 20 Uhr die Kämpfe nach zwölfstündiger Dauer zum Stillstand gekommen. Die Verluste können nur geschätzt werden: bei den Tirolern wahrscheinlich an die 100 Tote und 220 Verletzte; bei den Bayern mindestens 200 Tote und 250 Verletzte, doch sollen deren Verluste noch höher gewesen sein, da sie die Leichen ihrer Gefallenen angeblich in den angezündeten Höfen und Vogelhütten mitverbrannten.

Die Bauern verließen noch am selben Abend den Kampfplatz, um in den umliegenden Dörfern Nachtquartier zu beziehen. Verpflegung und Munition waren auf beiden Seiten knapp geworden. Andreas Hofer schickte nach allen Seiten um Nachschub aus; in bittendem und drohendem Ton befahl er das Heranbringen von Leuten, Munition, Rindvieh, Gerste und anderen Vorräten. Trotzdem waren die Bauern nur zu geneigt, wieder nach Hause zu ziehen; sie hatten — wie schon so oft — genug vom Kampf; insbesondere die Oberländer unter Firler blieben nur sehr widerwillig. Hofer hoffte inständig, daß die Schlacht nicht erneuert werde, sondern das Militär durch das Unterinntal abziehe. Aus diesem Grunde befahl er auch, es die Straße durchs Unterinntal ungehindert passieren zu lassen.

Er sollte sich nicht getäuscht haben. Im bayerischen Lager war man deprimiert; war man schon mit wenig Optimismus in die Schlacht gezogen, so sah man jetzt sein Heil nur noch im Abzug. Insbesondere als Lefebvre erfuhr, daß Graf Arco am 13. August bei Pill in einen Hinterhalt geraten und gefallen war, fürchtete er für seine einzige gesicherte Rückzugslinie. Ohne Munition und ausreichenden Proviant — einen Proviantzug aus Miesbach hatten die Achentaler überrumpelt und erbeutet — war nicht daran zu denken, die Stadt zu halten. Eingedenk ihrer Befehle brannten die Bayern vor dem Abzug einen Teil der am Vortag hartumkämpften Höfe am Fuße des Bergisels nieder. Dann zogen sie unter Mitnahme von Geiseln — unter ihnen der greise Präsident Graf Sarnthein und die Freifrau von Sternbach — durchs Unterinntal ab.

Am 14. August hatte Lefebvres Rückzug begonnen, am 18. war Tirol geräumt. Der Kreis hatte sich geschlossen: Wie die erste Befreiung war die dritte ohne fremde Hilfe erfochten worden, wie im April hatte sich im August in allen Teilen des Landes der Widerstand gegen den Feind erhoben.

Eine Ehrenkette und ein Frieden

Am Mariä-Himmelfahrts-Tag zog Andreas Hofer in Innsbruck ein. Er übernahm nun im Namen seines Kaisers das Regiment über ein Volk, auf das alle Welt blickte, hatte es doch einen Marschall des französischen Kaiserreiches zur Kapitulation gezwungen.
Die ganze Tragik seiner kurzen Regentschaft spiegelt sich in zwei hart aufeinander folgenden Ereignisse:
Am Namenstag des Kaisers — nämlich am 4. Oktober — empfing Andreas Hofer in der Innsbrucker Hofkirche nach feierlichem Gottesdienst die goldene Ehrenkette des Kaisers aus den Händen des Abtes von Wilten. In einem Dankschreiben an den Kaiser résumiert er: „Es ist bekannt, was Tirol seit dem 11. April getan und gelitten hat. Wenn ein Volk, das durch einen dreijährigen namenlosen Druck der bayerischen Regierung ausgesaugt, dann durch offene Einbrüche unmenschlicher Feinde geplündert, endlich durch seine Freunde und Erlöser, durch die österreichischen Truppen, welche ohne Geld, ohne Munition und ohne Lebensmittel seine Grenzen betreten, von seinen noch übrigen Subsistenz- und Verteidigungsmitteln entblößt und zuletzt durch einen unglücklichen Traktat der willkürlichen Wut barbarischer Unmenschen preisgegeben wird, wenn ein Volk, das in dieser schrecklichen Lage, wo ihm nichts übrig blieb als Blut und Leben, auch noch dieses der Freiheit und dem Vaterlande, seinem Kaiser und seiner Religion mutig und entschlossen zum Opfer bringt, wenn ein solches Volk Berücksichtigung verdient, so glaube ich verpflichtet und berechtigt zu sein, dringend ans Herz zu legen, daß man im Falle eines Friedensschlusses, welchen aufgefangene Briefe und ausländische Blätter vermuten lassen, Tirol nicht vergesse, wie es beim Waffenstillstand geschah, damit nicht vielleicht unsere Kinder und Kindeskinder dafür büßen, daß ihre Väter für den österreichischen Kaiser ihr Herzblut vergossen haben..."
Zehn Tage später wurde der Frieden von Schönbrunn geschlossen...
Noch einmal, am Allerheiligentag, traten Tiroler am Bergisel an. 70 Kompanien, 8535 Mann, standen weit über 20 000 Bayern gegenüber. Den linken Flügel führte Hofers Adjutant, Mathias Delama, das Zentrum führten Aschbacher und Daney, den rechten Flügel führte Speckbacher. Bei der Martinswand standen die Oberinntaler. Aber es kam kaum mehr zu nennenswertem Widerstand. Die bayerische Infanterie überrannte den linken Flügel und stieß auf die Höhen von Natters vor. Zugleich wurden die Bergiselschanzen von der Artillerie zerstört. Der rechte Flügel blieb ohne jegliche Verbindung mit dem Zentrum. Nach zwei Stunden war alles vorüber, die Bauern flohen in die Berge. Entsprechend diesem Gefechtsverlauf gab es kaum Verluste: Die Bayern sollen 50 Verwundete gehabt haben, an Tirolern sollen 20 bis 50 in Gefangenschaft geraten sein.
In zahlreichen Gefechten blitzte noch der Widerstand in allen Teilen des Landes auf, worunter mancher Tageserfolg zu verzeichnen war.
Am Bergisel aber wurde mit Befehl vom 7. November 1809 der Wald bis zum Hußlhof abgeholzt, um eine Wiederholung dessen, was hier in diesem Jahr geschehen war, für immer zu verhindern. Schon wenige Tage hernach stand ein kahler Bergisel vor dem grauen Novemberhimmel.

ANHANG I:

Erinnerungen an die Kämpfe

Der Tiroler Freiheitskampf hat zahlreiche Künstler — vor allem des 19. Jahrhunderts — beschäftigt[1]. Jene der ersten Hälfte dieses Jahrhunderts stellen die Ereignisse im rosigen Licht der Romantik dar. Ein typisches Beispiel ist das Bild „Der Tiroler Freiheitskampf 1809" von Joseph Anton Koch (1768—1839) mit Hofer, Speckbacher und Haspinger, umgeben von jubelndem Volk und verschiedensten Szenen aus der Erhebung. Ludwig Schnorr von Carolsfelds (1788—1853) „Zusammenkunft Hofers mit den österreichischen Truppen in Sterzing" wiederum ist ganz in biedermeierlicher Art dargestellt.
1824 wurde die Errichtung eines Grabdenkmals für Andreas Hofer ausgeschrieben, das dann Johann Nepomuk Schaller (1777—1842), Josef Klieber (1773—1850) und Josef Martin Schärmer (1783—1863) entwarfen beziehungsweise im Jahre 1834 in der Innsbrucker Hofkirche ausführten.
In der zweiten Hälfte des 19. Jahrhunderts bemühte sich das unter dem Einfluß der Münchner Schule stehende Historienbild um eine möglichst künstlerische Darstellung der Erhebung. Sein bedeutendster Repräsentant ist der Pustertaler Franz von Defregger. Seine Bilder — beispielsweise „Das letzte Aufgebot" (1874), „Andreas Hofers letzter Gang" (1878) und „Kriegsrat Andreas Hofers" (1897) — wurden in zahlreichen Drucken verbreitet und prägten die allgemeine Vorstellung vom Freiheitskampf. Defreggers Kunst folgten verschiedene Zeitgenossen, so etwa Edmund von Wörndle (1827—1906, Fresken in der Kapelle des Sandwirtshauses im Passeier), Matthias Schmid (1835—1923, „Schwur der Bauernführer") und Thomas Walch (1867—1943, „Hofers Einzug in Innsbruck"). Christian Plattner (1869—1921) schuf die Bronzedenkmäler „Anno neun" (bei der Ottoburg in Innsbruck) und „Betender Bauer" in Wörgl und Heinrich Natter (1846—1892) das Andreas-Hofer-Denkmal am Bergisel.
Der Expressionismus fand dann in Albin Egger-Lienz (1868—1926) einen Meister in der Darstellung des Freiheitskampfes. Seine Bilder — etwa die um das Kreuz gescharten Landstürmer oder „Nach dem Friedensschluß" — steigern sich zu zeitloser Monumentalität. An solch starke Ausdrucksformen reicht nur das Speckbacher-Denkmal des Bildhauers Ludwig Zenz (1876—1918) in Hall heran.
Die Bergiselkämpfe selbst haben vor allem in Jakob Placidus Altmutter (1780—1819) ihren exzellenten Darsteller gefunden. Seine Zeichnungen verraten eine genaue Kenntnis des Geländes und detaillierte Studien der Uniformen, Trachten und Waffen. Auch die hartumkämpften Gebäude am Fuße des Hohlweges werden exakt wiedergegeben. Von den Bergiselkämpfen sind drei Darstellungen erhalten. Sie sind von einem fiktiven Standort knapp im Rücken der bayerischen Linien aufgenommen. Mit seiner realistischen und naturnahen Kunst hebt er sich stark von den gestellten klassizistischen Bildern ab. Von ihm stammt auch das bedeutendste zeitgenössische Bildnis Hofers. Eine seiner Arbeiten zeigt den Kampf an der Innbrücke am 12. April 1809, wo die Tiroler bereits die Brücke genommen haben und in die Stadt eindringen.
Der bayerische Militärmaler Ludwig Braun schuf eine Darstellung des am gleichen Tag stattgefundenen Kampfes vor der Innsbrucker Spitalskirche, auf der der tapfere Oberst Karl von Ditfurth, bereits mehrfach verwundet, sich auf einer Bahre vorantragen läßt und seine Soldaten zum Sturm anfeuert. Eine zeitgenössische Darstellung zeigt mit wenig

---

[1] Grundsätzlich ist hier auf die „Bibliographie zur Geschichte des Tiroler Freiheitskampfes von 1809" von Hans Hochenegg (Beiheft zur Tiroler Heimat, Tiroler Bibliographien, Innsbruck—Wien 1960), Abschnitt: Die Tiroler Volkserhebung in Literatur und Kunst, S. 29 ff., hinzuweisen, die hiezu 83 Abhandlungen zitiert.

historischer Treue die Kämpfe am 1. November 1809. (Wiedergegeben wie die meisten oben genannten Werke in dem hervorragenden Bildband: Tirol 1809. Ein Bildwerk von Hans Kramer, Wolfgang Pfaundler und Erich Egg, Innsbruck—Wien—München 1959.) Großer Beliebtheit erfreut sich das bekannte rund tausend Quadratmeter große Rundgemälde im Panorama bei der Hungerburgbahn-Talstation in Innsbruck, das Franz Burger (1857—1940) zusammen mit Zeno Diemer um 1895/96 geschaffen hat. Es ist das größte und populärste Denkmal der Bergiselkämpfe, übt besonders auch auf die es zahlreich besuchenden Feriengäste nachhaltigen Eindruck aus und hat sicherlich den bedeutendsten Anteil an der Förderung der Tradition.

Zahlreiche andere Denkmäler im ganzen Land sind Zeugen des in den letzten zwei Jahrzehnten des vorigen Jahrhunderts auflebenden Nachruhms, so beispielsweise jene in Kufstein, an der Pontlatzer Brücke, beim Wirtshaus an der Mahr südwestlich von Brixen, auf der Pfandlalm, die Gedächtniskapellen im Passeier, beim Gasthof Schupfen* und am Bergisel. Die Jubiläumsjahre 1909 und 1959 mit ihren zahlreichen glanzvollen Aktionen auf dem Gebiet der Kunst und Wissenschaft bewiesen die lebendige Erinnerung an das Jahr 1809. Dauerausstellungen im Tiroler Landesmuseum Ferdinandeum, im Kaiserjägermuseum am Bergisel und im Sandwirtshaus bei St. Leonhard im Passeier lassen in vielen kleinen Details die Ereignisse lebendig werden; Musikkapellen, Trachtengruppen, Gaststätten und -stuben tragen Namen der großen Bauernführer.

Mehr noch als die darstellende Kunst hat sich die Dichtung mit der Tiroler Volkserhebung befaßt. Anton Dörrer (Andreas Hofer auf der Bühne, Brixen 1912) hat bei seiner sehr dankenswerten kritischen Zusammenstellung aller Bühnenwerke an die hundert Anno-neun-Dramen feststellen können, davon 62 Hofer-Stücke (einschließlich zweier englischer und je eines französischen und italienischen Sprechdramas und zwölf Musikstücken), fünf Schauspiele über P. Mayr, je vier über Speckbacher und Siegmayr und zwei über Straub.

Freilich fand die Dichtung zunächst eine ungünstige Situation vor: Nach dem unheilvollen Ausgang des Kampfes mit all seinen üblen Folgen sah das Volk keinen Grund zur Glorifizierung dieses verlustreichen Krieges. Man war auch auf seine Führer nicht gut zu sprechen, obwohl gerade diese — wenn nicht überhaupt hingerichtet — am meisten geschädigt waren und zum Teil gänzlich verarmt sind, wie etwa Straub und Margreiter. Auch Andreas Hofer, wäre er nicht als „Blutzeuge für Tirols Freiheit" in Mantua gestorben, hätte sich kaum einer ungeteilten Zuneigung seiner Passeirer erfreuen können. Mit der Wiederkehr der österreichischen Herrschaft kam auch manche herbe Enttäuschung, denn viele mißliebige bayerische Maßnahmen und Reformen wurden keineswegs abgeschafft, sondern — als etwa dem Fiskus oder dem absolutistischen Staatsgedanken sehr bekömmliche Einrichtungen — beibehalten. Solches mußte die Volkserhebung in einem anderen Licht erscheinen lassen.

War schon vorher der Aufstand in manchen österreichischen Regierungskreisen ganz grundsätzlich als Zeichen einer gefährlichen politischen Selbständigkeit der Untertanen abgelehnt worden, so legte später das Metternichsche System absolut keinen Wert darauf, daß diese Volkserhebung in allzu lebendiger Erinnerung verblieb. So wurden Lieder auf Andreas Hofer und seine Mitkämpfer in Tirol ebenso verboten wie solche auf Napoleon, so wurde Johann Kaspar von Wörndles „Nationaltrauerspiel Andreas Hofers" nach einem Zensurbeschluß vom 9. Oktober 1817 weder zur Drucklegung noch zur Aufführung zugelassen, allerdings „wegen der politischen Beziehungen und der billigen Rücksichten für die noch lebenden Familienmitglieder des unglücklichen Andreas Hofer". Schon vor ihm hatte der Innsbrucker Servitenpater Philipp Benitius Mayr ein von starkem Versöhnungswillen geprägtes Stück mit dem bezeichnenden Titel „Andreas

---

* Vgl. dazu das Foto im Anhang V.

Hofer, Sandwirt im Passeier. Oder: die Tiroler sind getäuschte, aber gute Menschen. Zur Rettung ihrer Nationalehre. Trauerspiel in 6 Aufzügen" geschrieben. Mayr legte das Drama der Zensur erst gar nicht vor, er wußte offensichtlich genau, daß er keine Druckbewilligung erhalten hätte.

Schon in jenen ersten Nachkriegsjahren griffen ausländische Autoren das Thema auf, so Paul Wigand aus Höxter unter dem Decknamen Paul Treulieb, der 1814 in Anlehnung an Schillers Wilhelm Tell einen ganz unhistorischen „Andreas Hofer, Anführer der Tiroler" (Drucklegung in Frankfurt am Main 1816) reimte.

Ohne hier auch nur einen Bruchteil der literarischen Produkte zu diesem Thema anführen zu können, muß zumindest auf das starke Echo bei den deutschen Freiheitssängern und Romantikern hingewiesen werden, etwa auf die Briefe der Königin Luise und Bettina Brentanos, auf den Reigengesang des Friedrich Heinrich Karl de la Motte Fouqué (1826), auf das „Trauerspiel in Tyrol" von Karl Leberecht Immermann (1826) und das „Große vaterländische Volksschauspiel in sechs Abteilungen: Der Sandwirt Andreas Hofer. Oder: Der große Befreiungskampf der tapferen Tiroler am Bergisel im Jahre 1809" des Wilhelm Gärtner (Leipzig 1845).

In der Tiroler Bevölkerung selbst ist etwa seit den siebziger Jahren des vorigen Jahrhunderts eine neue Haltung gegenüber dem Jahre 1809 bemerkbar. Man hatte nun genügend Distanz gewonnen, die jüngeren Generationen standen dem Befreiungskampf und seinem traurigen Ende innerlich ferner. Umsomehr wurde ihnen der indirekte Erfolg des Aufstandes als Vorbild und Anstoß für die allgemeine deutsche Erhebung nun bewußt. Die bekannte Klage Karl Domanigs in seinem „Tyroler Kalender" für 1879, daß man Julius Mosens Lied „Zu Mantua in Banden" überall könne singen hören, in der Schweiz, im Elsaß, kaum aber in Tirol, ist an das Ende dieser Periode der Zurückhaltung zu setzen („ ... mit einem Gefühl von Scham vergegenwärtige man sich das tragische Ende, nicht aber die edlen Motive, nicht den glorreichen Verlauf, die bleibende Bedeutung des großen Kampfes" — so Domanig!). Domanig war es auch, der nun in seiner dramatischen Trilogie „Der Tyroler Freiheitskampf" den Taten des Tiroler Volkes ein Denkmal von gewaltiger Monumentalität widmete. Er und Defregger mit seinen Historien haben wesentlichen Anteil an der Verklärung des Jahres 1809.

Rund zwanzig Jahre später zeigte Franz Kranewitter, ganz dem Naturalismus verpflichtet, einen sehr persönlichen, kämpferischen Andreas Hofer in seiner für ihn so typischen herben Prosa und leidenschaftlichen Dramatik.

In den meisten der Anno-neun-Dramen können die Bergiselkämpfe — dem Medium entsprechend — höchstens in Einzelepisoden auf die Bühne gebracht werden. Am besten vielleicht hat Karl Schönherr in seinem bekannten Stück „Volk in Not" im 2. Akt die Haltung der Tiroler Schützen und die Spannung in den Kampflinien auf dem Höhepunkt des Ringens vom 29. Mai dargestellt. Ebenso packend ist eine solche Schilderung in seiner Novelle „Tiroler Bauern 1809". Schlachtenszenen bringen auch die vierteilige Volksoper von Emauel Moor, Text von Euphemia von Ferro (1902 in Köln gedruckt), das große Chorwerk Rudolf Werners (Andreas Hofer, 1909 in Frankfurt am Main) und das dramatische Gedicht des Tiroler Dichters Bartolo del Pero „Die Schlacht am Bergisel" (gemeint ist jene vom 13. August 1809), 1907 verfaßt und von Josef Pembaur sen. melodramatisch bearbeitet.

Das Nacherleben der Kämpfe am Bergisel hat zwar viele Wandlungen durchgemacht, aufgehört hat es jedoch nie. — Auch heute noch verführen die großartigen Leistungen der Tiroler Befreiungskämpfer zu manch pathetischer und glorifizierender Betrachtung. Ein anderes Extrem ist geneigt, die aufständischen Tiroler ganz allgemein als Guerillas hinzustellen. Eines darf man aber nicht außer acht lassen: daß die Tiroler Bauern des Jahres 1809 nicht einen revolutionären Aufbruch zum Neuen, sondern die Rückkehr zum Alten wollten.

ANHANG II:

Bibliographische Hinweise zu den Bergiselkämpfen

Das Jubiläumsjahr 1959 gab den Anlaß, einen Führer durch das Schrifttum über das Jahr 1809 zu schaffen; so erschien 1960 die „Bibliographie zur Geschichte des Tiroler Freiheitskampfes von 1809", bearbeitet von Hans Hochenegg[1]. Dieses hervorragende Schrifttumsverzeichnis enthält nicht weniger als 3000 Titel! Diese Zahl demonstriert hinlänglich die Schwierigkeit, hier eine Auswahl zu treffen, denn in den meisten dieser Abhandlungen werden mehr oder weniger auch die Bergiselkämpfe berührt. So mögen die nachfolgenden Zeilen lediglich als Hinweise auf einige der wichtigsten Arbeiten und nicht als Literaturverzeichnis aufgefaßt werden.

Es war eine eigenartige Fügung, daß gerade eine der umstrittensten Persönlichkeiten des Tiroler Aufstandes auch dessen Geschichtsschreibung übernahm. Die tendenziöse Darstellung des hochbegabten, aber von maßloser Eigenliebe beherrschten Freiherrn Josef von Hormayr hat denn auch die Geschichtsforschung des 19. Jahrhunderts maßgeblich beeinflußt. Er lieferte zu „Das Heer von Innerösterreich[2]" die Schilderung des Aufstandes. In zwei Auflagen erschien anonym seine Geschichte Andreas Hofers[3], die zum geringsten Teil aktenmäßig belegt wurde (einen großen Teil seiner Korrespondenzen hatte Hormayr bei seiner ersten Flucht aus Innsbruck im Mai, dann bei seiner zweiten Ende Juli vernichtet beziehungsweise vernichten lassen), sondern weitgehend die ausführlichen Berichte verwertete, die Hormayr noch 1809 und 1810 aus dem Gedächtnis heraus für die Spitzen der Regierung niederschrieb. Wie auch in anderen Werken schreckte er ebenso bei der Schilderung der Ereignisse von 1809 nicht davor zurück, Aktenstücke zum Teil zu verfälschen. Sein Bestreben, die eigenen Verdienste hervorzukehren, ließ ihn den Anteil Andreas Hofers eifersüchtig zurückdrängen. Er verstieg sich sogar einmal, von „angeborener Mittelmäßigkeit und sublimer vis inertiae" zu sprechen, und es ist bezeichnend, daß gerade derjenige, der vor beiden Befreiungen im Mai und im August die Flucht ergriffen hatte, dem Helden seines Buches eine Beteiligung an den Kämpfen und den Oberbefehl über die Tiroler weitgehend abspricht. Von den gegnerischen Kriegsberichten scheinen sich besonders jene von Pelet[4] stark den Anschauungen Hormayrs angeschlossen zu haben, denn sie rückten Chasteler und Hormayr in den Mittelpunkt der Erhebung. Die weitläufigen Berichte Hormayrs hat auch Bartholdy[5] übernommen.

Hormayrs Darstellung stieß bei einem seiner Zeitgenossen auf schärfste Gegnerschaft, eine Gegnerschaft, die übrigens noch in jene Tage zurückreichte, in denen der Intendant und der Finanzrat zusammenarbeiteten: Josef Rapp[6] wies vor allem die Charakterisierung Hofers und dessen Wirkens auf das entschiedenste zurück. Er hob die großen

---

[1] Hans Hochenegg, Bibliographie zur Geschichte des Tiroler Freiheitskampfes von 1809 (= Beihefte zu Tiroler Heimat: Tiroler Bibliographien, bearbeitet von der Universitätsbibliothek Innsbruck, Heft 1), Innsbruck—Wien 1960 (96 Seiten).
[2] (Johann, Erzherzog von Österreich), Das Heer von Innerösterreich unter den Befehlen des Erzherzogs Johann im Krieg von 1809. Herausgegeben von Josef Freiherr von Hormayr, Leipzig 1817; 2., umgearbeitete Auflage, ebenda 1848.
[3] (Josef Freiherr von Hormayr), Das Land Tyrol und der Tyrolerkrieg von 1809, 2 Teile, Leipzig 1845 (auch mit dem Titel: Geschichte Andreas Hofers, 2. Auflage).
[4] Jean Jacques Germain Pelet, Feldzug des Kaisers Napoleon in Deutschland im Jahre 1809 (deutsch von Josef von Theobald), 4 Bände, Stuttgart 1824—1828, und vor allem: Mémoires sur la guerre de 1809, 4 Tomes, Paris 1824—1826.
[5] Jakob L. Salomon Bartholdy, Der Krieg der Tyroler im Jahre 1809, Berlin 1814.
[6] Josef Rapp, Tirol im Jahre 1809, Innsbruck 1852.

Verdienste Hofers hervor, gleichzeitig versäumte er es nicht, das zeitweise recht schwächliche Verhalten Hormayrs in Erinnerung zu rufen und etwa seine Fluchtpläne im Mai quellenmäßig nachzuweisen. Egger[7] nimmt hierin eine vermittelnde Stellung ein, indem er beider Ausführungen zu verbinden versucht. Er war es auch, der zahlreiche Aktenstücke und Aufzeichnungen von Zeitgenossen stärker heranzog. Von den unzähligen zeitgenössischen Berichten seien hier nur jene Deifls[8], Knoflachs[9], Plattners[10], Daneys[11] und Ranggers[12] genannt.

Nach Egger erfolgte von einem versierten Militärhistoriker, dem 1903 verstorbenen k. k. Oberst Gedeon Freiherrn Maretich von Riv-Alpon, die sozusagen klassische Darstellung der Bergiselkämpfe am 25. und 29. Mai[13] und um den 13. August[14].

Zum Jubiläumsjahr 1909 erschienen dann die zwei Standardwerke über den Tiroler Freiheitskampf, Hirns „Tirols Erhebung im Jahre 1809[15]" und Voltelinis „Forschungen und Beiträge zur Geschichte des Tiroler Aufstands im Jahre 1809[16]". Beiden Werken sind eine bis dahin kaum geübte Quellenkritik und die Heranziehung umfangreichen Archivmaterials gemeinsam. Was die Bergiselkämpfe selbst betrifft, hält sich Hirn weitgehend an Maretichs Ausführungen, solange diese auf verläßliche Quellen beruhen, folgt ihnen mit großer Berechtigung jedoch nicht, wo tendenziöse Darstellungen etwa von Mitkämpfern verarbeitet wurden. Bewußt oder unbewußt neigen ja solche Darstellungen stets zur Vergrößerung des eigenen Erlebten. Mit Recht räumt Voltelini den Schilderungen räumlich oder emotionell ferner stehender Beobachter mehr Objektivität ein, etwa jenen des Sterzingers Ignaz Hochrainer[17], des Anton Knoflach oder des Frühmessers Josef Eberhöfer. Voltelini selbst hat solche Tagebücher, Erinnerungen und dergleichen vielfach herangezogen; die besondere Bedeutung seiner Arbeit liegt jedoch in der Verwertung der Akten aus den Archives de Ministère des Affaires Étrangères in Paris mit den Berichten des französischen Gesandten in München, des Grafen Otto, den Noten des bayerischen Ministers Montgelas und vielen anderen bis dahin unbekannten Akten. Dieses Material zuzüglich der Korrespondenzen von Erzherzog Johann, Andreas Hofer und anderen verhalfen Voltelini zu sehr schönen und neuen Ergebnissen, die

---

[7] Josef Egger, Geschichte Tirols von den ältesten Zeiten bis in die Neuzeit, 3. Band, Innsbruck 1880, 13. Buch, Kapitel: Tirols Heldenkampf im Jahre 1809, S. 527—831.

[8] Eugen von Frauenholz, Infanterist Deifl, ein Tagebuch aus Napoleonischer Zeit, München 1939. — Hans Kramer, Die Erinnerungen eines bayerischen Infanteristen über den Feldzug 1809. In: Tiroler Heimatblätter 34, 1959, S. 65 ff.

[9] Anton Knoflach, sein Tagebuch; herausgegeben von Franz Schumacher, Sammlung Anno neun, Band 13, Innsbruck 1909.

[10] Plattner Anton aus Zirl. In: Heimatbuch Wilten, 1924, S. 36 ff.

[11] Josef Daney, Der Tiroler Volksaufstand des Jahres 1809, Erinnerungen. Bearbeitet von Josef Steiner, Hamburg 1909.

[12] Ferdinand von Scala, Die Kriegserlebnisse des Lorenz Rangger, genannt Stubacher, aus Völs bei Innsbruck, Innsbruck 1902.

[13] Gedeon Freiherr von Maretich von Riv-Alpon, Die 2. und 3. Bergisel-Schlacht (Gefechte in der Umgebung von Innsbruck am 25. und 29. Mai 1809), Innsbruck 1895.

[14] Gedeon Freiherr von Maretich von Riv-Alpon, Die vierte Bergisel-Schlacht am 13. August 1809 (Gefechte in der Umgebung von Innsbruck am 11., 13. und 14. August sowie im Unterinntale bis 17. August 1809), Innsbruck 1899.

[15] Josef Hirn, Tirols Erhebung im Jahre 1809, Innsbruck 1909.

[16] Hans von Voltelini, Forschungen und Beiträge zur Geschichte des Tiroler Aufstands im Jahre 1809, Gotha 1909.

[17] Ignaz Hochrainer, Das Jahr 1809 in meiner Erinnerung (= Anno neun, Band 16), herausgegeben von Egger-Klaar, Innsbruck 1909.

geeignet waren, in vielem Wahrheit und Legende zu scheiden. Die Kriegführung und Kämpfe klammerte er allerdings bewußt aus; ihm ging es mehr darum, das Verhalten Bayerns, Österreichs, Napoleons, das Wirken der einzelnen Persönlichkeiten in Tirol, die Ideen der Volksbewegung und politische Hintergründe darzulegen.

Zur gleichen Zeit erschien ein drittes bedeutsames Werk, jedoch aus französischer Sicht, dargestellt von dem französischen Generalstäbler Derrecagaix auf Grund umfangreicher Studien im französischen Kriegsarchiv und unter Verwertung der Denkwürdigkeiten des Vizekönigs Eugène Beauharnais, der Erinnerungen des Marschalls Drouet und einer Reihe älterer Arbeiten[18].

Ein auf der Tätigkeit der einzelnen Persönlichkeiten aufgebautes Werk lag schon 1905 in dem Buche von Hans Schmölzer[19] vor. Es bringt zahlreiche Gefechtsereignisse und verdient nicht zuletzt auch deshalb Erwähnung, weil es zum erstenmal in der Tiroler Literatur eine Menge Abbildungen der führenden Leute bringt. Schmölzer fand in Granichstaedten-Czerva einen immens fleißigen Nachfolger. Aus der Feder dieses eifrigsten Konservierers patriotischer Anekdoten stammen zahlreiche Arbeiten, von denen hier nur auf seine wichtigste, „Andreas Hofers alte Garde[20]", hingewiesen werden kann. Von den unzähligen Einzeluntersuchungen, die in den Jahrzehnten nach dem Erscheinen der klassischen Werke Hirns und Voltelinis angestellt wurden, kann an dieser Stelle nur ein geringer Bruchteil genannt werden. Vor allem verdienen die zahlreichen Arbeiten Hans Kramers[21] (mit an die drei Dutzend Abhandlungen) und Franz Huters[22] Erwähnung.

Das landläufige Bild von Andreas Hofer prägte vor allem das populär und spannend geschriebene Buch Karl Paulins[23].

Das Jubiläumsjahr 1959 brachte viele wissenschaftliche Reflexionen. Der 5. österreichische Historikertag in Innsbruck widmete sich in einem Großteil der Referate dem Jahre 1809[24].

Um jedoch zu speziellen Abhandlungen über die Bergiselkämpfe zurückzukehren: Der

---

[18] Victor Derrecagaix, Nos campagnes au Tyrol, 1797—1809, Paris 1910.
[19] Hans Schmölzer, Andreas Hofer und seine Kampfgenossen, Innsbruck 1905.
[20] Rudolf von Granichstaedten-Czerva, Andreas Hofers alte Garde, Innsbruck (1932).
[21] Aus der Vielzahl der Arbeiten: Rund um die Erhebung Tirols im Jahre 1809 (= An der Etsch und im Gebirge, Heft 18), 1958 (wörtlich als Rundgang durch die außertirolischen Länder zu verstehen). — Die Gefallenen Tirols 1796—1830 (= Schlern-Schrift 47), 1940 (Nachtrag für Nordtirol Innsbruck 1946, für Südtirol Schlern 1947, S. 245 und 316 ff.). — Andreas Hofer (= An der Etsch und im Gebirge, Heft 9), 5., erweiterte Auflage, 1960.
[22] Der Anteil der nichtbäuerlichen Stände Tirols an der Erhebung von 1809, Teil 1, Der Anteil der Geistlichkeit. In: Tiroler Heimat N. F. 23, 1959, S. 101—113. — Teil 2, Der Anteil des Adels. In: Tiroler Heimat N. F. 24, 1960, S. 67—76. — Das Jahr 1809 in der Tiroler Geschichte. In: Bericht über den 5. österreichischen Historikertag in Innsbruck, Wien 1960, S. 25—29.
[23] Karl Paulin, Andreas Hofer und der Tiroler Freiheitskampf 1809, 4. Auflage, durchgesehen und ergänzt von Franz Heinz Hye, Innsbruck—Wien—München 1970 (1. Auflage 1935).
[24] Bericht über den 5. österreichischen Historikertag in Innsbruck (9.—12. September 1959). Veröffentlichungen des Verbandes Österreichischer Geschichtsvereine 13, 1960; zum Beispiel: Oswald Gschließer, Erzherzog Johann und Tirol; Hans Kramer, Die Grundzüge der Verwaltung Tirols unter dem Intendanten Josef Freiherr von Hormayr und unter Andreas Hofer (1809); Fridolin Dörrer, Die bayerische Kirchenpolitik in Tirol.

Bildband „Tirol 1809" von Kramer, Pfaundler und Egg[25] brachte instruktives Bildmaterial mit kurzem, aber sehr informativem Begleittext. Im „Bergisel-Buch[26]" sind Geographie und Naturgeschichte, Urgeschichte und mittelalterliche Geschichte sowie neuere und neueste Geschichte dieser Kampfesstätte von 1809 bis zur Gegenwart dargestellt. Hans Kramer („Über die Bergisel-Schlachten von 1809") behandelt darin vor allem die Taktik der kämpfenden Truppen.

Eine sehr wichtige Arbeit legte im Jahre 1959 der Militärfachmann Viktor Schemfil[27] über das Tiroler Korps vor. Er vermochte dank seiner gründlichen Studien das Ansehen Chastelers und seines Korps in der tirolischen Geschichtsauffassung weitgehend zu rehabilitieren. Wenn auch gegenüber den Operationsjournalen des k. k. VIII. Armeekorps und der Österreichischen militärischen Zeitschrift, die beide sehr wesentliche Grundlagen seiner Forschungen bilden, manchmal etwas Vorsicht geboten sein dürfte, so bietet diese Arbeit doch für den militärischen Bereich eine äußerst wertvolle Ergänzung für das gerade hierin bis heute noch absolut gültige Standardwerk Josef Hirns.

---

[25] Tirol 1809. Ein Bildwerk von Hans Kramer, Wolfgang Pfaundler und Erich Egg, Innbruck—Wien—München 1959.
[26] Bergisel-Buch von Oswald Gschließer, Hans Kramer, Osmund Menghin, Georg Mutschlechner und Fritz Steinegger, Innsbruck 1964.
[27] Viktor Schemfil, Das k. k. Tiroler Korps im Kriege 1809. In: Tiroler Heimat 23, 1959, S. 45—99.

ANHANG III:

Die wichtigsten Bewegungen des Tiroler Aufgebots und der k. k. Truppen am 25. Mai

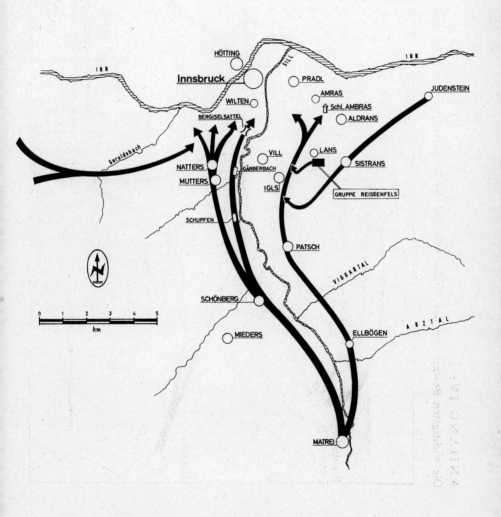

ANHANG IV:
Die wichtigsten Bewegungen der Tiroler während der Bergiselkämpfe am 13. August

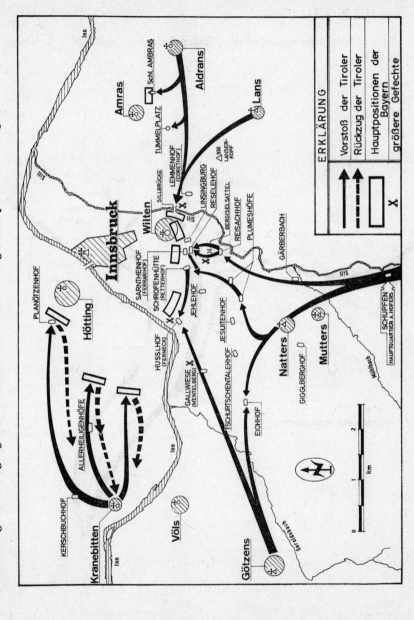

ANHANG V:

Gasthof Schupfen an der Brennerstraße

Der Gasthof (an der linken Straßenseite) war während der Mai- und Augustkämpfe von 1809 das Hauptquartier Andreas Hofers. Rechts neben der Straße befindet sich eine neue Gedächtniskapelle.

INHALT

Die Kämpfe am Bergisel 1809

Ursachen und Vorbereitungen des Tiroler Aufstandes 1
   Lebendige Erinnerungen 1
   Die bayerische Wirtschafts- und Finanzpolitik 1
   Die Aufhebung der Landesverfassung 3
   Bayerns Kirchenpolitik 4
   Die Konskription (mit einem Exkurs in die Geschichte der Tiroler Wehrverfassung) 8
   Verbindungen zu Wien, Konkretisierung des Aufstandsplanes 11
   Bayerns Haltung 13
Die erste Befreiung 14
   Die bayerische Besatzung und der Einmarsch des Tiroler Korps 14
   Aufstand in ganz Tirol 15
   Die Kämpfe um Innsbruck am 11. und 12. April 17
   Intermezzo 22
Die zweite Befreiung 24
   Die Wiederbesetzung Tirols und Chastelers Schwierigkeiten 24
   Die Kämpfe am 25. Mai 28
   Die Kämpfe am 29. Mai 31
   Des Kaisers Wort 36
   Bis zur Wiederbesetzung 37
Die dritte Befreiung 40
   Die französischen Aufmarschpläne werden vereitelt 40
   Die Kämpfe am 13. August 41
   Eine Ehrenkette und ein Frieden 45

Anhänge

Anhang I: Erinnerungen an die Kämpfe 46
Anhang II: Bibliographische Hinweise zu den Bergiselkämpfen 49
Anhang III: Skizze: Die wichtigsten Bewegungen des Tiroler Aufgebots und der
            k. k. Truppen am 25. Mai 53
Anhang IV: Skizze: Die wichtigsten Bewegungen der Tiroler während der
            Bergiselkämpfe am 13. August 54
Anhang V: Foto: Gasthof Schupfen an der Brennerstraße 55